KB158578

십삼경개론 1

중국경학략사

십삼경개론 1

十三經槪論

중국 경학략사

中國經學略史

장백잠 지음
전병수 옮김

 도서출판 수류화개

십삼경개론자서十三經槪論自序

십삼경十三經은 중국 고대의 총서叢書다. 《역易》, 《서書》, 《시詩》, 《예禮》, 《춘추春秋》오경五經이 그 중에서 가장 중요하고, 나머지는 종속된 것일 뿐이다. 전통 관념으로 그 등급을 정하면 오경은 '경經'이며, 《좌전左傳》·《공양전公羊傳》·《곡량전穀梁傳》은 《춘추경春秋經》의 '전傳'이며, 《예기禮記》는 '기記'다. 《효경孝經》은 유독 '경'이라는 이름이 붙었지만 역시 '기'며, 《논어論語》는 공자孔子의 언행록이지만 역시 '기'며, 《맹자孟子》는 본래 제자諸子에 배열되고 그 체재는 《논어》를 모방했지만 역시 '기'일 뿐이며, 《이아爾雅》는 한漢나라 시대 경사經師의 훈고訓詁를 집록한 것이니, 또 그 다음에 해당한다.

경학經學의 측면에서 고문古文과 금문今文을 구별하면 다

음과 같다. 《역》은 《비씨역費氏易》,《시》는 《모시毛詩》의 경우, 본경本經은 금문과 고문에 큰 차이가 없으나 중요한 것은 두 가지 모두 고문이라는 점이다. 《예》 가운데 《주례周禮》,《춘추》 가운데 《좌전》은 모두 고문이며,《상서尙書》는 위고문僞古文이다. 《의례儀禮》와 《춘추공양전》·《춘추곡량전》 및 《효경》은 모두 금문이다. 《논어》는 장우張禹[1]가 혼합한 본本인데 편목篇目은 금문의 《노논어魯論語》와 같다. 《예기》는 본래 공자 70제자의 후학과 진秦나라·한漢나라 유학자儒學者의 논문을 모아 완성한 것이니, 본래 이른바 금문·고문이라는 것이 없지만 그 가운데 〈왕제王制〉 같은 것은 금문설今文說이다. 《이아》도 본래 이른바 금문·고문이라는 것이 없으나 그 훈고는 고문설古文說이다. 《맹자》는 제자諸子기 때문에 다만 금문·고문의 구별이 없다.

---

1 장우 : 전한前漢 하내河內 지현軹縣 사람으로 자字는 자문子文, 시호諡號는 절후節侯다. 《제논어齊論語》를 진수한 왕양王陽과 공안국孔安國의 제자 용생庸生에게 《논어》를 배웠다. 《노논어魯論語》를 근본으로 《제논어齊論語》를 혼합하여 《논어장구論語章句》를 저술하였다. 이를 '장후론張侯論'이라고 부르기도 한다. 현재 통행하는 《논어》는 후한後漢 말기 정현鄭玄이 《장후론》과 《고논어古論語(전한 경제景帝 때 노魯 공왕恭王 유여劉餘가 발견한 공자孔子가 살던 오래된 집의 벽에서 출토된 《논어》)》를 혼합한 것이다.

현대적 관점에서 그 성질을 변별하면 다음과 같다. 《역》은 본래 점치는 책인데 철리哲理를 담고 있고, 《시》는 본래 가요집이니 순수한 문학文學이며, 《논어》·《맹자》는 공자와 맹자의 훌륭한 행실과 좋은 말씀을 기록하였으나 제자백가의 철리를 논한 책과 서로 비슷하다. 《춘추》는 초기형태의 초보적인 편년사編年史며, 《좌전》은 역사 사실을 기록한 것에 자세하니 역시 역사며, 《공양전》·《곡량전》은 저술한 요지와 체제[義例]의 풀이에 자세하니 별도로 경해經解라고 하지만 대체로 논해보면 역시 역사다. 《의례》는 예의와 풍속[禮俗]을 기록하고, 《주례》는 관제官制를 기록하고, 《상서》는 말을 기록한 것은 많고 역사 사실을 기록한 것은 적지만 모두 역사자료다. 《예기》는, 반은 《의례》 각 편篇의 뜻을 풀이한 것이고 반은 통론通論이니 모두 유가儒家의 말이며, 《효경》은 후세의 유학자들이 효孝를 논한 말이니 모두 제자諸子에 종속된 유가라고 할 수 있으며, 《주례》는 만일 내가 추측한 것이 틀리지 않아 전국시대戰國時代 재사才士의 이상적 관제官制를 기록한 것이라고 한다면 역시 일가一家의 말을 이루었다고 할 수 있어 제자에 종속되며, 《이아》는 다만 훈고를 잡다하게 기록한 것이니 자서字書나 사전辭典의 기원이 된다.

그러므로 십삼경의 내용은 실제 대단히 번잡하다. 비록 그렇다고는 하나 여기에서 고대의 문학과 고대에 숭상한 점술, 유가의 공자·맹자 이하의 철리, 고대의 사실史實, 고대의 예의와 풍속, 고대의 이상적이거나 실제 시행한 관제官制를 볼 수 있고, 심지어는 한나라 시대 경사經師의 고훈故訓도 볼 수 있다. 우리가 고대문화를 이해하고자 한다면 끝내 십삼경 가운데에서 찾아야 할 것이다.

나는 어려서 부모님의 가르침을 받았다. 처음 이를 갈 무렵에는 어머니 성 유인盛孺人께서 《효경》을 가르쳐주고, 10살쯤에는 아버지께서 《논어》·《맹자》·《시》·《서》·《좌전》에서 《의례》·《이아》까지 가르쳐주셨다. 그러나 송독誦讀은 많이 하고 강해講解는 적게 하였다. 《상서》를 읽을 때는 문장이 읽기 까다롭고 이해하기 어려움에 괴로워하고, 《의례》·《이아》를 읽을 때는 완벽하게 외우기[成誦] 어려움에 더욱 괴로워하여 끝내 끝마치지 못하였다. 오직 《시》에는 압운押韻한 어구를 좋아하여 쉽게 입에 올렸고, 《맹자》·《좌전》에는 이해할 수 있음을 좋아하여 흥미가 있었다.

13살 때에는 선사先師 이문거李問渠(?~?. 이름은 영년永年) 선생께 《주역》, 《주례》, 《예기》, 《공양전》, 《곡량전》을 배웠다. 《주역》을 읽을 때를 생각해보면 겨우 5일 만에 전체 책을 끝마쳤으나, 억지로 잠깐 외운 것뿐이라 이해하지도 못하고 정통하지도 못하였다.《주례》는 꽤 이해할 수 있었고,《예기》는 선독選讀한 것이 통론에 속하는 것이 많아 충분히 이해하지는 못했어도 꽤 즐거웠다.《공양전》·《곡량전》은 선사께서 강해講解만 해주셨으며《좌전》과 비교 검토하고《춘추경》과 대조하게 하여 흥미가 넘쳐흘렀다. 그러나 역시 완전히 외우지는 못하였다. 인상이 가장 깊은 것은 다시《논어》를 익힐 때 선사께서 주희朱熹의 주석 외에 상세히 밝혀주신 것이 많고, 또《수사고신록洙泗考信錄》을 읽게 한 것이다. 나는 이 때에 참으로 듣지 못한 것을 듣고 보지 못한 것을 보는 즐거움이 있었다. 그 뒤에 많은 경서經書를 섭렵하기 좋아한 것은 모두 이문거 선생께서 일깨워준 덕분이다.

계속해서 항주부학杭州府學에 입학했을 때 경학經學 한 과목이 있었는데, 전후로 수매계壽梅溪(?~?. 이름은 석공錫恭)[2]·종욱운鍾郁雲(1880~1970. 이름은 육룡毓龍, 호는 용옹庸

---

2 수매계 : 절강浙江 제기현諸暨縣 사람이다.《십삼경개론》에는 호號가 '梅溪'로 되어 있으나, 중국 바이두에는 '梅契'로 되어 있다. 일단은 저본대로 두었다. 청清 동치同治 말엽에 특과特科(비정기 과거시험) 효렴孝廉(향시鄉試 합격자)으로 '효렴방정孝廉方正'이라는 편액을 하사받았기 때문에, 집안사람들이 '효렴공孝廉公'이라고 존칭하였다.

翁, 욱운郁雲은 자字임) 선생께 수업을 받았다. 수매계 선생은
직접《춘추강의春秋講義》를 편찬하였는데,《좌전》을 위주
로 하였으나《곡량전》과《춘추호전春秋胡傳》을 두루 참고하
였다. 종욱운 선생은《주례》를 가르쳤는데, 손이양孫詒讓의
《주례정의周禮正義》를 위주로 하고 당시 진秦·한漢 이후의
정치제도를 인용하여 부차적으로 논하였으며, 강습한 뒤에
는 학식이 넓어지고 깊어지는 유익함을 얻을 수 있었다고 스
스로 생각하였다. 항주부학을 졸업한 뒤에는 집이 가난하
여 진학할 여력이 없었기 때문에, 시골 학교에서 교편을 잡
은 것이 모두 4년이었다.[3]

큰아버지 내계耐谿는 곡원曲園 유월俞樾 선생의 제자인
데, 평소 경학으로 이름이 났으며《주관신고周官新詁》를 지
어 두었기에 받아서 읽었다. 큰아버지 집안에서 소장한 책
은 경해經解[4]가 많았다. 바로 학해당學海堂과 남청서원南菁
書院에서 판각한 것인데 중요한 것을 골라 대충이라도 훑어

---

3 시골학교에서……4년이었다 : 장조이蔣祖怡의 〈선엄장백잠전략
　先嚴蔣伯潛傳略〉에 따르면, 장백잠이 4년 동안 교편을 잡은 곳은
　부양현富陽縣 자량촌紫閬村의 자량소학紫閬小學과 신소촌新笑
　村의 미신소학美新小學이다.

4 경해 : 바로 이어서 학해당과 남청서원을 말한 것으로 보아 '청경
　해清經解'와 '청경해속편清經解續編'을 말한 것인 듯하다.

보게 하셨기 때문에 겨우 경학의 방법을 엿볼 수 있었다. 당시 아버지께서는 한창 제자諸子에 힘을 다 쏟아 이른바 《제자인물고諸子人物考》, 《제자저술고諸子著述考》, 《제자학설고諸子學說考》를 기록하게 하셨다. 그래서 색다른 것을 보고 마음이 변하여 여러 경전이 제자의 즐거움만 못하다고 느꼈다. 이어 나의 아내 하씨夏氏를 맞이하고, 아내의 집에 가서 백악白岳 영봉靈峯의 백정伯定 하진무夏震霧(1854~1930. 본명은 진천震川, 호는 척암滌庵, 백정伯定은 자字임) 선생을 뵙고 정주학程朱學의 단초[緖論]를 듣고서 또 색다른 것에 마음이 변하여 경학은 리학理學의 독실함만 못하다고 느꼈다. 내가 경학에 대해 끝내 전념하지 못하고 깊이 연구하여 터득하지 못한 것은 아마 이 때문일 것이다.

고도故都에 들어가 북경고등사범학교北京高等師範學校에서 공부할 때[5], 처음으로 이정二程 형제·주희朱熹부터 육구연陸九淵·왕수인王守仁까지 리학에 심취하였다. 여름방학 때에는 집에 가는 척하고 영봉 신생에게 가르침을 청하였으나, 이전에 배척한 것이고 리학의 문호가 매우 깊음을 보고

---

5 고도에……공부할 때 : 장조이蔣祖怡의 〈선엄장백잠전략先嚴蔣伯潛傳略〉에 따르면, 장백잠은 1915년에 북경고등사범학교 국문계國文系에 입학하였다.

내심 낙담하여 또다시 깊이 연구할 생각을 하지 못하였다.

스승 전현동錢玄同(1887~1939. 본명은 전하錢夏, 자는 덕잠德
潛, 호는 의고疑古·일곡逸谷) 선생에게 문자학文字學을 배울
때는 성운聲韻과 훈고訓詁를 잘 알지 못하면 경經을 연구할
수 없다고 생각하여 꿋꿋하게 먼저 여기에 힘을 다 쏟았다.

또 전현동 선생과 유어幼漁 마유조馬裕藻(1878~1945) 선생
의 소개로 성城 남쪽의 어느 절에서 태염太炎 장병린章炳麟
(1869~1936. 본명은 학승學乘, 자는 매숙枚叔) 선생을 뵐 수 있었
다. 장병린 선생은 큰아버지와 동학으로, 대를 이어 맺은 친
분 때문에 말석에서나마 여론餘論을 듣게 되었다. 장병린 선
생은 경학 가운데 유독 고문古文 일파를 숭상하였고, 마유
조·전현동 두 선생은 장병린 선생에게 수업을 받았으나 경
학을 논할 때는 꽤 금문今文을 중시하였기 때문에, 의심스러
운 점을 결단하지 못하였다.

당시 금문대사今文大師로 알려진 이는 강유위康有爲(1858~
1927. 본명은 조이祖詒, 사는 광하廣廈, 호는 장소長素·명이明夷
등)고, 임공任公 양계초梁啓超(1873~1929. 자는 탁여卓如, 또는
임보任甫, 다른 호는 음빙실주인飲冰室主人 등) 선생은 강유위
선생의 수제자다. 적지適之 호적胡適(1891~1962. 본명은 사미
嗣麋, 학명學名은 홍성洪騂, 자는 희강希疆, 호적은 필명임) 선생

의 소개로 양계초 선생을 찾아가 뵈었고, 몇 년 뒤에는 또 서호西湖의 정가산丁家山에서 강유위 선생을 뵈었다.

장병린·강유위·양계초 세 선생의 논의를 듣고 세 선생의 저술을 읽고서야 경학에서 금문과 고문의 문호가 물과 불처럼 상극이고, 또한 리학의 이정형제·주희·육구연·왕수인보다 못하지 않음을 알았다.

요컨대, 나는 경학經學과 제자학諸子學, 한학漢學과 송학宋學, 정주학程朱學과 육왕학陸王學을 대체로 들여다보지 않은 것이 없고자 하였다. 그러나 그 결과는 다만 하나도 본 것이 없고 하나도 터득한 것이 없으며, 넓기만 하고 전문적이지 않고 잡다하기만 하고 정밀하지 않았다. 비유하자면 문틈으로 궁실의 아름다움을 엿보는 것과 같아 끝내 문외한이 된 것이다. 지금 가난과 병으로 몸도 제대로 가누지 못하여 토굴에 틀어박혀 구차하게 살아 있기도 어려우니, 어찌 노학자老學者라고 하겠는가?

돌이켜보면 민국民國 27년(1938) 봄에 상해로 피난하였다. 전에 수분각粹芬閣 주인 심지방沈知方(1883~1939. 세계서국 창립인이자 장서가. 자는 지방芝芳) 군을 위해 《사서백화광해四書白話廣解》를 개정改訂하였다. 처음 약속한 것은 오류를 바로잡고 윤색만 하는 것이었으나, 손을 대다 보니 스스로 그만두지 못하였다. 심지방 군이 이 책으로 환갑을 기념하고자 하였는데, 병이 들자 출판하는 데에 급급하여 탈고를 매우 재촉하였기 때문에 다시 훑어볼 겨를이 없었다. 조판組版이 겨우 끝났을 때 심지방 군이 세상을 떠났다. 그의 큰 아들[哲嗣]이 "백잠이 직접 지은 것을 급히 인행印行하느라 우선 당문치唐文治(1865~1954. 자는 영후穎侯, 호는 울지蔚芝, 만년의 호는 여경茹經)·장수용張壽鏞(1875~1945. 자는 백송伯頌, 호는 영예泳霓, 별호는 약원約園) 등 여러 선생에게 서문을 청하였다."라고 하였다. 그래서 나는 곽상郭象이《장자莊子》에 주석할 때 상수向秀의 좋은 것을 따서 자기 것으로 만들자 독자가 판별하지 못한 것처럼 오해를 더욱 많이 받았다. 당시 나는 한창 대하대학大夏大學에서 교편을 잡고 있었는데, 학문을 좋아하는 이들은 늘 경학을 가르쳐주길 바라고 호사가好事家들은 터무니없이 경학으로 나를 칭송하니, 어찌 처음 예상대로 되겠는가?

삼가 생각해보면 옛날 청淸나라 말기에 과거科擧의 유풍을 이어받아 중학교나 소학교에는 독경讀經 과목을 두고 대학에도 특별히 경과經科를 개설하였다. 중화민국이 창립되어 경과를 폐지하자 노사老師와 숙유宿儒가 매우 불만을 갖게 되었다. 원세개袁世凱(1859~1916)가 정권을 잡았을 때 힘을 다해 독경을 제창하였으나, 원세개가 제제帝制를 이루기 전에 죽자 독경제讀經制도 오래지 않아 다시 폐지되었다. 학교에서 경經을 읽어야 하는지에 대한 쌍방의 논쟁이 아주 난무하여 당시 독경讀經문제를 토론하는 특집호를 만든 잡지도 있었다.

마음을 가라앉히고 논해보면, 경經은 전제사상專制思想의 온상[淵藪]으로 독경이 제제帝制를 빚어낸다고 하는 것은 사소한 일에 호들갑 떨어 목이 멘다고 식음을 전폐하는 격이며, 학교에서 교육하는 과목이 매우 많지만 중국의 과학이 낙후하니 과학에 치중해야지 군경群經을 두루 읽을 겨를이 없다고 하는 것은 시세時勢의 흐름상 사실이다. 경經은 천경지의天經地義(영원한 불변의 진리)니, 하늘이 변하지 않으면 도道 역시 변하지 않는다. 그러므로 아무리 만세萬世 뒤라도 반드시 사람마다 경經을 읽어야 한다고 하는 것은 참으로 경經을 존숭하는 전통적인 주장을 맹종하는 것이며, 경經은 고대의 문학·철리哲理·정치·풍속이 응축된 것이니 참으로 문화의 정화精華를 가지고 있어 완전히 버리는 것은 부당하다고 하는 것은 또 사리에 합당한 말이다.

그러므로 현재 실시하고 있는 대학의 선수과정選修科程 가운데 '군경개론群經概論' 한 과목을 두었다. '개론'이라고 한 것은 시간에 제한이 있으니 십삼경 전부를 하나하나 강독하는 것은 정황상 할 수 없을 뿐만 아니라 이치상 할 필요도 없다. 그래서 나의 얕고 고루한 학식을 헤아리지 않고 《십삼경개론》한 책을 편찬하였다. 이른바 십삼경이라고 하는 것에 대해 먼저 해제를 썼고, 내용을 다음으로 서술하여 가르치는 자는 편찬하는 수고를 생략하고 배우는 자는 읽으면서 익히는 자료를 얻을 수 있으며, 깊은 연구에 뜻을 둔 자도 먼저 하나의 개념을 얻을 수 있게 하였다. 오류가 있거나 편향되거나 식견이 좁은 곳은 스스로 그 책임을 피할 수 없음을 잘 아니, 국내의 현자가 가르쳐 바로잡아 주기를 바랄 뿐이다.

공원公元 1944년 봄
신관新關의 낡은 오두막 희무문재喜無聞齋에서
장백잠 쓰다

03

금문경학과 고문경학을 서술하고 평론하다

일러두기

1. 이 책은 장백잠蔣伯潛의 《십삼경개론十三經槪論》(上海: 上海古
   籍出版社, 1983) 중 〈서론緒論〉을 번역한 것이다.
2. 경서經書의 번역은 십삼경주소十三經注疏에 의거하였다.
3. 경서經書 외의 인용서 번역은 널리 통용하는 대표 주석서에 의거하였다.
4. 독자의 이해를 돕기 위해 필요한 곳에 보역補譯과 의역意譯을 하
   되, 별도의 표시는 하지 않았다.
5. 서명書名은 《 》, 편명篇名은 〈 〉를 사용하였다.
6. 본문의 이해에 필요한 경우를 제외하고 인명人名과 지명地名은 주석하
   지 않았다.
7. 원주原注에는 주석 앞에 '【원주】'를 표기하였다.

십삼경개론 1
十三經槪論

중국 경학략사
中國經學略史

01

경經과
십삼경十三經

1. 목록은 특별히 경부經部를 위하여 세운 것이다

중국에서 한적漢籍[古代圖書]을 분류하는 목록학目錄學은 서한西漢 말기 유흠劉歆의 《칠략七略》에서 비롯하였다. 유흠이 아버지 유향劉向을 이어 비부祕府(황실도서관)의 서적을 교감校勘하라는 애제哀帝의 명령을 받들어 마침내 많은 책을 개괄하여 《칠략》을 바쳤다. 일곱 가지 략略은 〈집략輯略〉, 〈육예략六藝略〉, 〈제자략諸子略〉, 〈시부략詩賦略〉, 〈병서략兵書略〉, 〈수술략數術略〉, 〈방기략方技略〉이다.

처음 책을 교감할 때, 유향은 경전류經傳類·제자류諸子類·시부류詩賦類를, 보병교위步兵校尉 임굉任宏은 병서류兵書類를, 태사령太史令 윤함尹咸은 수술류數術類를, 시의侍醫 이계국李桂國은 방기류方技類를 교감하였다. 대체로 저마다 자신의 전문학식을 가지고 분야를 나누어 교감을 맡은 것이니, 이는 《칠략》의 분류와도 매우 관련이 있다. 그러나 경전·제자·시부는 모두 유향이 교정한 것인데도 세 부류로 나누었으니, 《칠략》의 분류는 서적의 특성을 기준으로 하였음을 알 수 있다.

《칠략》은 이미 없어졌으나, 여전히 《한서漢書》〈예문지藝文志〉에서 그 대략적인 모습을 볼 수 있다. 반고班固는 스스로 "지금 군더더기는 삭제하고 요점만 취하여 편수篇數와

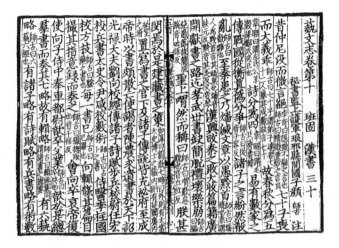

《한서》〈예문지〉

저자의 이름[篇籍]을 갖춰놓았다."[1]고 하였다. 또 매 류類의
목록 뒤에 '어떤 책을 뺐다.[出某書]', '어떤 책을 추가했다.[入
某書]'라고 주석으로 밝혀 삭제한 것과 증보한 것이 있음을
드러내었으니, 반고의 《한서》〈예문지〉는 유흠의 《칠략》을
저본底本으로 하였음을 또 알 수 있다.

　《칠략》 가운데 〈집략〉은 총론總論인데 반고의 《한서》〈예
문지〉에서는 삭제되고, 이하 여섯 가지 략略은 고서古書를
여섯 가지 부류部類로 분류하였는데 〈육예략〉이 우뚝하게

1　今刪其要, 以備篇籍.

첫머리에 놓였다. '육예六藝'는 바로 '육경六經'이다. 그러나 〈육예략〉에는 육경 이외에 《논어論語》, 《효경孝經》, 소학류 小學類[2]의 여러 책을 두루 언급하고, 육경의 주석서[傳記]를 각각 해당 경서經書의 아래에 부기附記하였으니, 〈육예략〉 에 저록한 것은 육경뿐만 아니라 여러 경서의 주석서도 그 반열에 있음을 또 분명히 알 수 있다.

이를 이어 이후에 위魏나라 정묵鄭黙은 《중경中經》을, 진 晉나라 순욱荀勖은 《중경》을 바탕으로 별도로 《신부新簿》 를 저록하였는데, 고서를 갑·을·병·정 4부部로 분류하였 으니, 갑부甲部에 저록한 것은 그 범위가 대략 유흠의 《칠 략》과 반고의 《한서》 〈예문지〉 가운데 〈육예략〉과 같다. 송 宋나라 왕검王儉의 《칠지七志》 가운데 〈경전지經典志〉, 양梁 나라 완효서阮孝緒의 《칠록七錄》 가운데 〈경전록經典錄〉, 《수서隋書》 〈경적지經籍志〉부터 청淸나라 사고전서四庫全書 의 경류經類까지 모두 그렇지 않음이 없다.

이를 통해 본다년 원래 목록目錄은 아마도 경經과 전傳을 위하여 특별히 한 부문部門을 세운 것인 듯하다. 이는 참으 로 서한西漢 이래로 '경전 존숭'이 일반 학자의 전통 관념이

---

2 소학류 : 상형象形·지사指事·회의會意·형성形聲·전주轉注·가 차假借 육서六書와 문자文字에 관한 서적이다.

되었고, 또한 이러한 서적은 본래 제자서諸子書·문예서文藝
書와 다른 특징을 가지고 있기 때문이다.

2. 경經의 의미

그렇다면 이러한 서적을 특별히 '경經'이라고 일컫는 것은
어째서인가? 여기에는 두 가지 설이 있다. 하나는 경을 관부
官府에서 편찬한 책[官書]으로 여기는 것이고, 다른 하나는
성인聖人이 지은 책으로 만세토록 변치 않는 상도常道라고
여기는 것이다.

육경은 주공周公의 구전舊典이니, 후세의 어찬서御纂書·
흠정서欽定書와 같아 개인이 저술한 것과는 다르다. 그러므
로 관부에서 편찬한 책이라고 하는 것이다. 《논어집해論語集
解》〈서序〉에 "육경의 간책簡策은 길이가 2자 4치인데, 《효
경》은 '경'이라고 부르지만 육경에 비해 권위가 가볍기 때문
에 간책의 길이를 반으로 줄였다. 《논어》는 간책의 길이가 8
치다."라고 하였다.[3] 육경의 간책이 특별히 큰 것은 요즘의

---

3 《논어집해》······하였다 : 원문은 "六經之策, 長二尺四寸;《孝經》
　謙, 半之.《論語》八寸." 하안何晏의 《논어집해》〈서〉에 나오지 않

특대판본特大板本과 같으니, 육경이 관부에서 편찬한 책이기 때문이다. 이것이 하나의 설이다.

《석명釋名》〈석전예釋典藝〉에는 "경經은 길[徑]이며, 변치 않는 법칙[常典]이니, 길이 통하지 않는 곳이 없어 늘 사용할 수 있는 것과 같다."[4]라 하고, 《문심조룡文心雕龍》〈종경宗經〉에는 "경經이라는 것은 오래도록 변치 않는 지극한 도道이자 변치 않는 큰 가르침이다."[5]라고 하였으며, 《효경주소孝經注疏》〈서序〉의 소疏에는 "경經은 변치 않음이며 법도다."[6]라는 황간皇侃

는다. 《춘추좌씨전春秋左氏傳》〈서序〉의 소疏와 《의례주소儀禮注疏》 권8 〈빙례聘禮〉의 소疏에 의거하면, 이 내용은 정현鄭玄의 《논어주論語注》〈서序〉에 나온다. 〈빙례〉 소疏에는 다음과 같이 되어 있다. "鄭作《論語》〈序〉云: '《易》·《詩》·《書》·《禮》·《樂》·《春秋》策, 皆(尺二寸)[二尺四寸];《孝經》謙, 半之. 《論語》八寸, 策者三分居一又謙焉.'(《역》·《시》·《서》·《예》·《악》·《춘추》의 간책은 모두 2자 4치인데, 《효경》은 '경'이라고 부르지만 육경에 비해 권위가 가볍기 때문에 간책의 길이를 반으로 줄였다. 《논어》는 간책의 길이가 8치니, 간책의 길이가 육경의 3분의 1인 것은 《논어》는 제자서諸子書로 권위가 《효경》보다도 더 가볍기 때문이다.)" 《춘추좌씨전》〈서〉의 소疏에 의거하여 '尺二寸'을 '二尺四寸'으로 바로잡았다.

4 經, 徑也, 常典也, 如徑路無所不通, 可常用也.

5 經也者, 恒久之至道, 不刊之鴻敎也.

6 經者, 常也, 法也.

의 말을 인용하고,《옥해玉海》권41에는 정현의《효경주孝經注》
"경經은 바뀌지 않음을 이른다."[7]라고 한 말을 인용하였다. 이
는 대체로 육경은 공자가 지은 것으로 만세에 가르침을 드리
웠으니, '하늘이 변하지 않으면 도道 역시 변하지 않는 것'[8]처
럼 공자의 도가 만세토록 변하지 않으면 육경의 가르침도 만
세토록 변하지 않는다는 것이다. 이것이 또 하나의 설이다.

　비록 그렇다고는 하나《국어國語》〈오어吳語〉에 "경經을
끼고 북채를 잡는다."[9]라고 한 것은 병서兵書를 일컬어 '경'이
라고 한 것이고,《황제내경黃帝內經》·《난경難經》은 의서醫
書를 일컬어 '경'이라고 한 것이다.《순자荀子》에는《도경道
經》을 인용하고 가의賈誼의《신서新書》에는 또 〈용경容經〉을
두었으니, 대체로 이것은 모두 관부에서 편찬한 책도 아니고
주공이나 공자가 지은 것으로 만세토록 변치 않는 상도常道
도 아니다.

7　經者, 不易之稱. (원대元代 왕후손王厚孫의 교정간본校訂刊本《옥해玉
　海》와 청대淸代 주이존朱彝尊의《경의고經義考》에는 '不易'이 '至易'으로
　되어 있다. - 역자)

8　【원주】동중서董仲舒의 말을 인용하였다. (원문은 "天不變, 道亦不變."
　《한서》〈동중서전董仲舒傳 거현량대책擧賢良對策 3〉에 나온다. - 역자)

9　挾經秉(枹)[枹]. (저본에는 '枹'로 되어 있으나, 사고전서본四庫全書本
　에 의거하여 '枹'로 바로잡았다. - 역자)

패엽경貝葉經

앞에서 서술한 두 가지 설을 자세히 살펴보면 모두 사리
事理에 어긋난다. 근래의 장병린章炳麟이 "경經은 실로 엮어
죽 이어놓은 것[編絲連綴]을 말하니, 인도 범어梵語의 '수트
라'[10]와 같다."라고 하였다. 살펴보면, 중국에서 옛날에 죽간
竹簡을 실로 엮어 책을 만들었기 때문에 '경'이라고 하였는
데, 인도의 '수트라'도 실로 패엽貝葉[11]을 엮어 책을 만들었

----

10 수트라 : 원문은 '修多羅'. 산스크리트어 sūtra, 팔리어 sutta의 음
   사音寫. 여기서는 경전經典을 뜻한다.
11 패엽 : 옛날 인도에서 불경을 베껴 쓰던 나뭇잎이다.

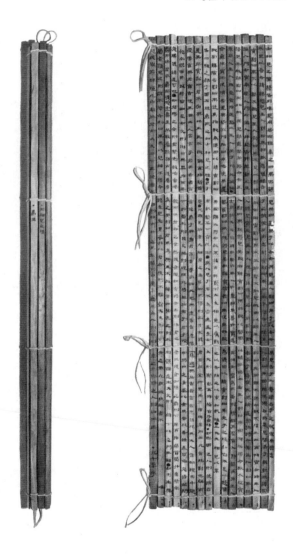

죽간:《의례儀禮》〈사상견지례士相見之禮〉 간책 복원 모습

으니, 실로 엮어 만든다는 뜻이 서로 같아 '수트라'도 의역意
譯하여 '경'이라고 한 것이다. 이 설이 가장 막힘없이 잘 통
한다. 여기에 근거하면 이른바 '경'이라는 것은 본래 서적의
일반적인 명칭인데, 후세에 경을 높여 특별히 하나의 전문
부류部類의 명칭으로 만든 것이다.

3. 육경六經과 육예六藝

경經은 본래 육경六經만 가리키는 말이다. 육경은 《시詩》,
《서書》,《예禮》,《악樂》,《역易》,《춘추春秋》다.《장자莊子》〈천
운天運〉에 공자孔子가 노담老聃(노자)을 만나 "나는 《시》,
《서》,《예》,《악》,《역》,《춘추》 육경을 연구하였는데, 스스로
오랫동안 하였다고 생각한다."[12]라고 한 말을 인용하였다.
이 여섯 가지 책을 '육경'이라고 한 것은 고적 가운데 아마
여기에 처음 보이는 듯하다.

《예기》〈경해經解〉에 '온유돈후溫柔敦厚(안색이 온화하고

---

12 丘治《詩》·《書》·《禮》·《樂》·《易》·《春秋》六經以爲久.(《십삼
경개론》에는 '六經以爲文'으로 되어 있으나,《장자》에 의거하여 '六經以
爲久'로 바로잡았다. - 역자)

마음이 부드러우며 인정人情이 넉넉한 것)'를 《시》로 교화한 효
과라 하고, '소통지원疏通知遠(일이 번잡하지 않고 멀리 제황帝
皇의 시대를 잘 아는 것)'을 《서》로 교화한 효과라 하고, '공검
장경恭儉莊敬(공손하고 검소하며 단정하고 삼가는 것)'을 《예》
로 교화한 효과라 하고, '광박역량廣博易良(널리 교화되어 선
량한 것)'을 《악》으로 교화한 효과라 하고, '혈정정미絜靜精
微(넘치지 않고 이치를 연구하여 자신의 성性을 다 발휘하는 것)'
를 《역》으로 교화한 효과라 하고, '속사비사屬辭比事(문사文
辭를 모아 포폄褒貶하는 것)'를 《춘추》로 교화한 효과라고 하
였다. 비록 이 여섯 가지 책을 '경'이라고 일컫지는 않았지만
'경해經解'로 편명篇名을 붙였으니, 역시 《시》,《서》,《예》,
《악》,《역》,《춘추》를 육경으로 여긴 것이다.

그리고 유흠의 《칠략》과 반고의 《한서》〈예문지〉에서
《시》,《서》,《예》,《악》,《역》,《춘추》를 '육예六藝'라고 한 것
은 한漢나라 학자들의 말이다. 가의賈誼의 《신서新書》〈육술
六術〉에 "《시》,《서》,《역》,《춘추》,《예》,《악》 여섯 가지의 학
술을 '육예'라고 한다."[13]라고 하였다. 《주례周禮》〈지관地官
사도司徒〉의 등속에 '보씨保氏'가 있는데, 그 직분에 "왕의
나쁜 점을 간언하고 도리로 국자國子를 가르치는 일을 주관

---

13 《詩》·《書》·《易》·《春秋》·《禮》·《樂》六者之術, 謂之六藝.

하는데, 바로 '육예'로 가르친다. 첫째는 오례五禮[14], 둘째는
육악六樂[15], 셋째는 오사五射[16], 넷째는 오어五馭[17], 다섯째는

14 오례 : 길례吉禮, 흉례凶禮, 빈례賓禮, 군례軍禮, 가례嘉禮다.

15 육악 : 〈운문雲門〉, 〈대함大咸〉, 〈대소大韶〉, 〈대하大夏〉, 〈대호大
  濩〉, 〈대무大武〉다. 〈운문〉은 황제黃帝의 음악, 〈대함〉은 제요帝
  堯의 음악, 〈대소〉는 제순帝舜의 음악, 〈대하〉는 우왕禹王의 음
  악, 〈대호〉는 탕왕湯王의 음악, 〈대무〉는 주周 무왕武王의 음악이
  다.

16 오사 : 다섯 가지 활 쏘는 방법으로 백시白矢, 삼련參連, 섬주剡
  注, 양척襄尺, 정의井儀다. 오사에 대해 정문正文은 없으나 정중
  鄭衆은 다음과 같이 말하였다. '백시는 화살이 과녁을 꿰뚫어 화
  살촉만 하얗게 보이는 것이고, 삼련은 먼저 1발을 쏘고 나중에 3
  발을 연속해서 쏘는 것이며, 섬주는 깃머리[羽頭]가 높고 촉이
  낮은 화살이 빛을 내며 날아가는 것이고, 양척은 신하가 군주와
  화살을 쏠 때 군주와 나란히 서지 않고 1자 뒤로 물러나는 것이
  며, 정의는 4발의 화살이 정井자 모양으로 과녁을 꿰뚫은 것이
  다.'《주례주소周禮注疏》〈지관地官 사도司徒 보씨保氏〉 소疏 참조)

17 오어 : 말을 부리는 다섯 가지 방법으로 명화란鳴和鸞, 축수곡逐
  水曲, 과군표過君表, 무교구舞交衢, 축금좌逐禽左다. '명화란은
  멍에[衡]에 매단 난鸞이라는 방울과 수레 앞에 가로댄 나무[式]
  에 매단 화和라는 방울이 서로 조화롭게 울리게 하는 것이고, 축
  수곡은 굴곡진 물가를 따라 달려도 물에 빠지지 않는 것이며, 과
  군표는 군주의 표식이나 자리를 지나갈 때 예禮를 표하는 것이
  고, 무교구는 수레를 몰 때 사거리에서 춤추듯 부드럽게 돌아가
  는 것이며, 축금좌는 사냥할 때 짐승을 수레 왼쪽으로 몰아 군주

육서六書[18], 여섯째는 구수九數[19]다."[20]라고 하였으니, 이것은 예禮·악樂·사射·어御·서書·수數를 '육예'라고 한 것이다. 육경을 육예라고 한 것과는 확실히 다른 두 가지 경우니, 역시 배우는 자들이 주의해야 하는 것이다.

가 활로 쏠 수 있게 하는 것이다.' 《주례주소周禮注疏》〈지관地官 사도司徒 보씨保氏〉소疏 참조)

18 육서 : 상형象形, 회의會意, 전주轉注, 처사處事, 가차假借, 해성諧聲이다. (정현鄭玄, 《주례주소周禮注疏》〈지관地官 사도司徒 보씨保氏〉주注)

19 구수 : 수학의 아홉 가지 계산법으로 방전方田, 속미粟米, 차분差分, 소광少廣, 상공商功, 균수均輸, 방정方程, 영부족贏不足, 구고句股다. 방전은 땅의 면적을 측정하는 방법이고, 속미는 곡식의 교역에 쓰는 계산 방법이며, 차분은 분배나 비례를 계산하는 방법이고, 소광은 가로와 세로의 길이가 다른 네모꼴의 면적이나 부피를 계산하는 방법이며, 상공은 공정工程에 드는 인력을 계산하는 방법이다. 균수는 토지의 양과 호구수戶口數로 세금을 부과하고, 운송거리·물건의 무게로 비용을 계산하고, 물건의 가치를 평균내는 계산법이다. 방정은 방정식을 계산하는 방법이고, 영부족은 손익을 계산하는 방법이고, 구고는 직각삼각형의 면적을 계산하는 방법이다.

20 掌諫王惡而養國子以道, 乃敎之以六藝. 一曰五禮, 二曰六樂, 三曰五射, 四曰五馭, 五曰六書, 六曰九數.

4. 육경六經의 쓰임

그렇다면 육경은 도대체 어디에 쓰는가? 《장자》〈천하天下〉
에 그것을 말한 적이 있다. "《시》로 심정心情을 말하고, 《서》
로 정사政事를 말하고, 《예》로 행실行實을 말하고, 《악》으로
화합和合을 말하고, 《역》으로 음양陰陽을 말하고, 《춘추》로
대의大義를 말한다."[21]라고 하였다. 《사기史記》〈골계열전滑
稽列傳〉에 "육예는, 다스림에 있어서는 〈그 효용이〉 동일하
다. 《예》는 사람을 절도 있게 하고, 《악》은 화합하는 마음을
일으키게 하고, 《서》는 정사를 말하게 하고, 《시》는 자신의
의사를 표현하게 하고, 《역》은 신묘하게 변화하게 하고, 《춘
추》는 대의를 말하게 한다."[22]라는 공자의 말을 인용한 것도
《장자》에서 말한 것과 대체로 서로 일치한다.

　《사기》〈태사공자서太史公自序〉에서도 이를 인용하여 "《역》
은 천지天地·음양陰陽·사시四時·오행五行의 운행을 드러낸

---

21 《詩》以道志,《書》以道事,《禮》以道行,《樂》以道和,《易》以道陰
　陽,《春秋》以道義. (《장자》에는 '春秋以道義'가 '春秋以道名分'으로
　되어 있다. - 역자)

22 六藝於治一也.《禮》以節人,《樂》以發和,《書》以道事,《詩》以達
　意,《易》以神化,《春秋》以義.

것이기 때문에 변화에 장점이 있고, 《예》는 인륜을 규범에 맞게 만들어놓은 것이기 때문에 행사에 장점이 있고, 《서》는 선왕先王의 사적事跡을 기록해놓은 것이기 때문에 정사에 장점이 있고, 《시》는 산천山川·계곡溪谷·금수禽獸·초목草木·빈모牝牡·웅치雄雉를 기록해놓은 것이기 때문에 풍유諷喩하는 데에 장점이 있고, 《악》은 즐거움을 드러내기 위한 것이기 때문에 화합에 장점이 있고, 《춘추》는 시비是非를 변별해놓은 것이기 때문에 사람을 다스리는 데에 장점이 있다. 이 때문에 《예》는 사람을 절도 있게 하고, 《악》은 화합하는 마음을 일으키게 하고, 《서》는 정사를 말하게 하고, 《시》는 자신의 의사를 표현하게 하고, 《역》은 변화를 말하게 하고, 《춘추》는 대의를 말하게 한다."[23]라고 말하였다.

살펴보면, 《시》는 사물에 빗대 시가詩歌를 지어 자신의 감정을 표현하여 넌지시 일깨우기 때문에 '심정을 말하다', '자신의 의사를 표현하게 하다', '풍유하는 데에 장점이 있다'라고 한 것이다. 《서》는 기록한 것이 당唐·우虞·하夏·상商·주

---

23 《易》著天地陰陽四時五行, 故長於變;《禮》經紀人倫, 故長於行;《書》記先王之事, 故長於政;《詩》記山川谿谷禽獸草木牝牡雌雄, 故長於風;《樂》樂所以立, 故長於和;《春秋》辯是非, 故長於治人. 是故《禮》以節人,《樂》以發和,《書》以道事,《詩》以達意,《易》以道化,《春秋》以道義.

周 다섯 왕조의 군신君臣·언론言論·공문[文告] 및 큰 사건이
기 때문에 '정사를 말하다', '정사에 장점이 있다'라고 한 것이
다. 《예》의 형식[儀文]은 우리 사람의 행위를 가르쳐 인도
하기 위한 것으로, 행동거지는 모두 예禮를 법도[節制]로 삼
아야하기 때문에 '행실을 말하다', '사람을 절도 있게 하다',
'행실에 장점이 있다'라고 한 것이다. 《악》은 우리 사람의 감
정을 도야하여 화합하게 할 수 있기 때문에 '화합을 말하
다', '화합하는 마음을 일으키다', '화합에 장점이 있다'라고
한 것이다. 《역》의 괘효卦爻는 모두 음陰과 양陽으로 우주
일체 사물의 변화를 상징으로 나타낸 것[代表]이기 때문에
'음양을 말하다', '신묘하게 변화하다', '변화에 장점이 있다'
라고 한 것이다. 《춘추》는 포폄을 내포하고 명분을 바로잡고
시비를 분별하기 때문에 '대의를 말하다', '사람을 다스리는
데에 장점이 있다'라고 한 것이다. 이것이 육경의 쓰임이 고
적에 드러난 것이다.

《한서》〈예문시〉에 "《악》은 정신을 조화롭게 하니 인仁의
표상이고, 《시》는 말을 바로 잡으니 의義의 쓰임[用]이다.
《예》는 몸을 드러나게 하므로 풀이가 없다. 《서》는 시비의
살핌을 넓게 하니 지知의 방법이고, 《춘추》는 일을 판단하니
신信의 증표다. 다섯 가지는 오상五常의 도리인데, 《역》이 근

원이 된다."[24]라고 하였다. 반고班固는 육경을 인·의·예·지·신 오상에 억지로 짝지었기 때문에, 오경의 쓰임을 밝히면서 겨우 '《역》이 근원이 된다'라고 하였으니,《장자》나《사기》에서 풍부하게 논한 것만 못하다.

5. 육경六經에서 《악樂》이 없어지다

그러나 《한서》〈예문지〉에 저록된 것에《악》에만 경經이 없고 겨우 '기記'가 남아 있다. 그러므로 육경은 실제 다섯 가지 책만 남아 있는 것이다. 해설하는 자가 "《악》은 본래 경문經文이 있었는데, 진秦 시황始皇이 단행한 분서焚書의 화禍를 만나 없어졌다."[25]고 하기도 하고, "《악》은 본래 경문이 없으니 진나라가 분서를 단행할 때에 없어진 것이 아니다. 시황제가 분서를 단행할 때, 어찌 정치와 직접 관계가 없는 《악》에만 유독 엄격하게 법을 적용하였겠는가? 또《역》은

---

24 《樂》以和神, 仁之表也;《詩》以正言, 義之用也;《禮》以明體, 一明者, 著見. — 故無訓也;《書》以廣聽, 知之術也;《春秋》以斷事, 信之符也. 五者, 五常之道, 而《易》爲之原.

25 《樂》本有經, 遭秦始皇焚書之禍而亡.

점치는 책이라 하여 불태우지 않았고, 《시》는 외워서 읊고
죽백竹帛에 쓰지 않았기 때문에 온전할 수 있었다."[26]고 하
기도 한다.[27] 곧 《서》, 《예》, 《춘추》도 서한西漢 초기 전후로
다시 나왔는데, 어째서 《악》만 경문이 완전히 없어져 끝내
잔편殘篇도 세상에 남아 있는 것이 없는가? 그렇다면 분서
의 화에 없어졌다는 앞의 설은 믿을 수 없다.

《시》는 본래 전부 다 악기를 연주하며 노래 부를 수 있는
것이다. 《악》과 《시》는 본래 서로 의탁하여 행해지니, 《시》는
가사歌辭고 《악》은 악보樂譜다. 아마도 지금의 오선지악보를
갖춘 가곡집歌曲集 같은 것일 듯하다. 그러므로 《논어》〈자
한子罕〉에 "내가 위衛나라에서 노魯나라로 돌아온 뒤에 악
장樂章이 바르게 되어 아雅와 송頌이 저마다 제자리를 잡았
다."라고 한 공자의 말을 기록하였으니, 《악》을 바로잡은 것
은 바로 《시》를 바로잡기 위한 것이다. 그러므로 《사기》〈공
자세가〉에 "305편에 공자가 모두 악기를 연주하며 노래 불
러 순舜임금의 음악인 〈소韶〉와 주周 무왕武王의 음악인 〈무

---

26 《樂》本無經, 非亡於秦火. 但始皇焚書, 何獨嚴於與政治無直接
關係之《樂》? 且《易》以卜筮之書不焚, 《詩》以諷誦不獨在竹帛
得全.

27 【원주】모두 《한서》〈예문지〉에 보인다.

武), 아雅와 송誦의 음악을 어우러지게 하려고 하였다."[28]라
고 하였다.

그러나 동한東漢 말기에 조조曹操가 형주荊州를 평정했을
때 사로잡은 동한의 아악랑雅樂郎 두기杜夔[29]가 기억한 것에
는《시》300편 가운데 오히려〈추우騶虞〉,〈벌단伐檀〉,〈녹명
鹿鳴〉,〈문왕文王〉, 4편의 악보가 있었다.《시》와《악》이 상보
관계라는 명확한 증거다.

서한의 경사經師가 전수한 것은 오경五經 뿐이다. 중요하
게 여긴 것에는 문자의 장구章句와 훈고訓詁를 하였으나 겨
우 악보만 있고 문자가 없는《악》에는 다시 전문적인 연구를
하지 않았고, 음악에 뛰어난 전문가, 예를 들어 제씨制氏[30] 같
은 부류는 또 고작 악기를 연주하며 춤추는 일은 잘 기억하

---

28 三百五篇, 孔子皆弦歌之, 以求合〈韶〉·〈武〉·雅·頌之音.

29 두기(?~?) : 삼국시대 위魏나라 하남河南 사람으로 자字는 공량公
良이다. 한漢 영제靈帝 때 음률에 밝아 아악랑雅樂郎이 되었다.
중평中平 5년(188) 형주荊州로 달아나 유표劉表에게 의지하였다.
나중에 조조曹操에게 귀순하여 군모좨주軍謀祭酒가 되어 태악
太樂의 일에 참여하여 아악雅樂을 창제했다.

30 제씨(?~?) : 노魯 지역 사람으로 음악에 관련된 일을 잘했다고 한
다. 아악雅樂과 성률聲律로 대대로 대악관大樂官이 되었다. 악기
를 연주하고 춤추는 것은 잘 기억하였으나, 그 의리義理는 말하
지 못하였다고 한다.《한서漢書》〈예악지禮樂志〉참조)

면서도《시》의 의리義理는 말하지 못하였다.

　대체로 경사經師와 음악전문가는 저마다 장점과 단점을
가지고 있다. 예를 들어 공자의 학술은 매우 깊고 또 음악에
특별한 관심[嗜好]과 연구를 하였지만, 이후로 다시는 그런
사람이 있지 않았다. 그러므로 전하는 것은 겨우 음악의 이
론을 논한 〈악기樂記〉가 있을 뿐이다. 그러므로 뒤의 설에서
말한 것은 '주장에 근거가 있고 말에 일리가 있다'고 할 수
있다.《악》에 이미 경문이 없다면 경부류經部類의 중심 고적
은《시》,《서》,《예》,《역》,《춘추》오경뿐이다.

6. 공자孔子와 오경五經

이 오경은 대체로 공자와 관계가 있지 않은 것이 없다. 예를
들어《시》,《사기》,《한서》〈예문지〉에는 모두 공자가 고시古
詩 중에서 305편을 산성刪定했다는 기사가 실려 있다. 이 설
은 비록 믿을 수 없지만《악》을 바로잡아《시》를 바르게 한
것은 공자 스스로 말하였고《논어》에 기록되어 있으니, 당
연히 믿을 만한 사실이다.[31]

---

31 【원주】이 책 '제3편 모시개론毛詩槪論'에 자세히 보인다.

《서》의 경우도 공자가 고대로부터 전해 내려오는《서》가
운데 28편을 찬정纂定하였고[32],《예》의 경우도 전한前漢 사람
들은《예경禮經》이 바로 지금의《의례儀禮》17편인데, 이 17
편은 공자가 편집하여 사람을 가르친 것이라고 생각하였
다.[33]《역》의 경우는 본래 점을 치는 책인데, 공자의 찬수纂修
를 거치고서야 천도天道로 인사人事를 논하여 철리哲理(우주
와 인생에 관한 원리)와 수양修養에 관한 책이 되었다.《춘추》
의 경우는 참으로 공자가 지은 책이다. 공자가《춘추》를 지
을 때, 비록 노魯나라《춘추》의 역사 사실을 근거로 삼았으나
그 가운데에는 '미언대의微言大義(경전經傳의 깊고 미묘한 큰
뜻)'가 들어 있다.[34]

　공자는 "전술傳述하고 창작하지 않으며 옛것을 믿고 좋아
한다.[述而不作, 信而好古]"[35]고 자임한 학자였으니, 오경에 대
해서도 고서古書를 정리하는 '전술[述]하는 일'을 하였을 것이
다. 그러나 다만 오경의 재료는 예전부터 있었으나, 공자
가 한번 찬수纂修·필삭筆削·정리[理董]하는 과정을 거친 뒤

---

32 【원주】 '제2편 상서개론尙書槪論'에 자세히 보인다.

33 【원주】 '제5편 의례개론儀禮槪論'에 자세히 보인다.

34 【원주】 '제6편 춘추경전개론春秋經傳槪論'에 자세히 보인다.

35 【원주】《논어》〈술이述而〉에 보인다.

에는 저마다 새로운 함의含義와 새로운 생명을 부여받지 않음이 없으니, 그렇다면 '전술[述]'이라고 하기 보다는 '창작[作]'이라고 하는 것이 더 나을 것이다. 공자가 이른바 "나는 《시》, 《서》, 《예》, 《악》, 《역》, 《춘추》육경을 연구하였는데, 스스로 오랫동안[36] 하였다고 생각한다."라고 한 것은 바로 이것을 가리킨다. 그러므로 공자는 경학經學의 개조開祖다.

7. 육경六經은 전적으로 유가儒家에만 예속하지 않는다

《한서》〈예문지〉에 저록한 제자諸子는 10가家로 나누었는데, 또 "볼만한 것은 9가뿐이다.[其可觀者, 九家而已]"[37]라고 하였으므로 '구류九流'라는 명칭도 있게 되었다.[38] 유가는

---

36 오랫동안 : 저본에는 '文'으로 되어 있으나, '久'로 바로잡아 번역하였다. p.30 역주 12 참조.

37 《한서》〈예문지 제자략諸子略 소설가小說家〉에 나온다.

38 《한서》……되었다 : 《한서》〈예문지 제자략諸子略〉에서 유가儒家, 도가道家, 음양가陰陽家, 법가法家, 명가名家, 묵가墨家, 종횡가縱橫家, 잡가雜家, 농가農家, 소설가小說家 10가로 구분하였고, 9가는 10가에서 소설가가 빠진다.

10가 가운데 한 가고 9류 가운데 한 류일 뿐이다. 유가는 공자를 바꿀 수 없는 개조開祖라고 여기니, 그렇다면 육경은 유가자류儒家者流의 보전寶典에 불과하여 제자백가를 모두 포괄할 수 없을 듯하다. 그러나 이 설도 다 옳지는 않다.《장자》〈천하〉에 '옛 도술道術'을 논하여 '옛날의 이른바 도술이라는 것은 …… 있지 않은 곳이 없다.'[39]고 하고, 또 "분명하게 법령이나 예속禮俗 같은 제도[數度]에 있는 것은 옛 법이나 대대로 전해온 역사서에 여전히 남아 있는 것이 많고,《시》,《서》,《예》,《악》에 있는 것은 추로지사鄒魯之士(추와 노 지역의 학사)와 진신선생搢紳先生(유학儒學의 가르침을 따르는 선생)이 잘 밝혀 놓은 것이 많다."[40]라고 하였다. 이 뒤에는 육경의 쓰임을 거듭 논하였다.[41]

"천하가 매우 어지러워지자 현인賢人과 성인聖人이 나타나지 않아 도덕道德이 통일되지 않았다. 그래서 천하에 일부분만 보고 스스로 만족하여 기뻐하는 이가 많았다."[42]고 하고,

---

39 古之所謂道術者, …… 曰無乎不在.

40 其明而在數度者, 舊法・世傳之史, 尙多有之; 其在於《詩》・《書》・《禮》・《樂》者, 鄒魯之士・搢紳先生, 多能明之.

41 【원주】인용한 것은 앞글에 보인다. ('4. 육경六經의 쓰임' 첫 부분에 인용한《장자》〈천하〉의 내용이다. - 역자)

42 天下大亂, 賢聖不明, 道德不一, 天下多得一察焉以自好.

이에 "천하 사람이 저마다 자기가 하고 싶은 것을 하고서 스스로 방술[方]이라고 한다."[43]라고 함에 미쳐서는 바로 '도술'이 나뉘어져 '방술'이 되었다. 그 뒤에는 묵적墨翟·금활리禽滑釐, 송견宋銒·윤문尹文, 팽몽彭蒙·전병田駢·신도愼到, 관윤關尹·노담老聃 및 장주莊周, 혜시惠施 같은 제자諸子를 분별하여 평론하였다.

살펴보면, '추로지사'와 '진신선생'은 공자를 가리킨다. 이 때문에 공자와 육경은 나눠지기 전의 '도술'이 되고, 그 나머지 제자諸子는 나눠진 뒤의 '방술'이 된다. 《장자》는 도가道家의 말이니, 후세의 경經을 높이고 공자를 높이는 자의 말이 아닌데, 평가하여 결정한 말이 이와 같은 것은 어째서인가? 일반적으로 옛날에는 왕조에서 벼슬하는 사람[王官]에게 배웠기 때문에 '환학宦學(관리로서 필요한 지식을 배우는 것)'은 곧 벼슬하는 사람[師]을 스승으로 섬겨야 했고 옛것을 배우려면 반드시 관부에 들어가야 했기 때문에 일반 사람이 강학講學하는 풍속은 없었다.

옛날에는 죽간竹簡과 목독木牘에 글자를 칼로 새기거나 옻으로 썼기 때문에 책을 만들기 어려울 뿐만 아니라 책을 보관하는 것도 어려웠다. 그러므로 한기韓起는 진晉나라의

---

43 天下之人, 各爲其所欲焉以自爲方.

경卿인데도 노魯나라에 사신으로 간 뒤에야 《역상易象》과 《노춘추魯春秋》를 볼 수 있었고, 계찰季札은 오吳나라의 공자公子인데도 노나라에 사신으로 간 뒤에야 《시》의 풍風·아雅·송頌을 들을 수 있었으며, 공자가 주周나라에 가서 책을 본 것도 수장실守藏室 사관史官 노담老聃을 통해서였다. 일반 사람은 장서藏書를 구경하는 것도 쉽지 않은데, 하물며 책을 지을 수 있겠는가?

일반 사람이 강학하고 저술한 것은 실제 공자를 처음으로 삼는다.[44] 그러므로 공자는 유가의 시조일 뿐만 아니라 실제 10가9류의 선하先河를 열었지만, 육경은 고대 도술道術의 총회總匯로서 유가가 독점[私]할 수 있는 것이 아니다. 예로부터 지금까지 목록학자가 육경을 제자諸子나 유가에 나열하지 않고 특별히 부문部門을 독립시켜 저록한 것은 바로 이 때문이다.

---

44 【원주】《노자》는 전국시대戰國時代 사람이 노자에 의탁하여 지은 것인 듯하다. 왕중汪中의 《술학述學》에 이미 이런 주장이 있는데, 요즘 사람인 풍우란馮友蘭이 《중국철학사》에 이 설을 채록하였다. 그러나 《노자》의 저자에 대해서는 이 책의 논의 범위에 있지 않기 때문에 다시 쓸데없이 서술하지 않는다.

8. 십삼경十三經의 완성

당시에 이른바 '경經'이라는 것은 《시》,《서》,《예》,《악》,《역》,
《춘추》 육경만을 가리켰다. 육경에 《악》이 없으니, 실제로는
오경만 있는 것이다. 그러나 다만 '경' 이외에 또 경을 풀이
한 '전傳'이 있다. 예를 들어,《춘추경》의 전으로 《한서》〈예
문지〉에 저록된 것에는 《공양전公羊傳》,《곡량전穀梁傳》,《좌
씨전左氏傳》,《추씨전鄒氏傳》,《협씨전夾氏傳》 5종이 있는데,
지금 여전히 남아 있는 것은 앞의 3종이다. 또 경에 덧붙이
는[附] '기記'가 있다. 예를 들어,《예》는 《예기禮記》가 있고,
《악》은 비록 경문은 없으나 〈악기樂記〉가 있다.

　《논어》는 공자의 언행을 기록한 것이기 때문에 또한 경류
經類에 부록하고,《효경孝經》은 공자의 후학이 효孝의 도리
를 논한 것인데 공자에 의탁하였기 때문에 역시 경류에 부
록하고,《이아爾雅》는 한대漢代 경사經師가 경을 훈고訓詁한
말을 모아 편집하여 만든 것이기 때문에 역시 경류에 부록
하였다. 이것들은 모두 전傳·기記 따위로 《한서》〈예문지〉에
는 다 '육예략六藝略' 안에 들어 있다. 그리고 선진시대先秦
時代 사람이 그들의 이상理想적인 관제官制를 기록한 《주관
周官》도 《한서》〈예문지〉에는 예류禮類에 부록되어 있는데,

유흠이 또 책이름을 '주례周禮'라고 고치고서 주공周公에게 의탁하였기 때문에 역시 경류에 부록하였다.

그래서 《역》, 《서》, 《시》 이외에 《예》는 《주례》, 《예기》, 《의례》를 아울러 셋으로 만들고, 《춘추경》은 세 전傳을 따라 나누어 셋으로 만들었으며, 《논어》, 《효경》, 《이아》를 더하였으니, 모두 십이경十二經이 된다.

《맹자》는 《한서》 〈예문지〉에 여전히 '제자략諸子略 유가' 안에 나열되어 있다. 그러나 조기趙岐의 〈맹자제사孟子題辭〉에 '서한西漢 문제文帝 때에 박사를 세웠다.'고 하였으니, 그 지위는 한나라 시대에 이미 경經과 제자諸子 사이에 나열된 것이다. 5대10국시대 후촉後蜀의 군주 맹창孟昶이 돌에 십일경十一經을 새길 때에 《효경》, 《이아》를 빼고 《맹자》를 넣었으니, 이때 처음으로 《맹자》가 경부經部에 들어갔다.

주자朱子가 《예기》 가운데 〈대학大學〉, 〈중용中庸〉을 취하여 《논어》, 《맹자》와 함께 사서四書를 정해두고서 공자·증자曾子·자사子思·맹자 네 사람 도통道統의 전수傳授를 여기에서 볼 수 있다고 하였다.

《맹자》를 경류의 지위에 둔 것이 이때에 확정되었고, 경부의 일대총서 '십삼경十三經'도 이때에 이르러서야 완성되었다. 십삼경은 송宋나라 이전에 이미 저마다 주注가 있었고,

그 소疏도 남송南宋 때에 이르러서야 완전하게 되었다. 청淸
고종高宗 건륭乾隆 때에 십삼경 경문을 돌에 새겨 태학太學
에 세운 뒤에, 완원阮元이 또 십삼경주소十三經注疏를 합각
合刻하고 또 교감기校勘記를 부록하였다. 이것이 십삼경이
완성된 과정이다.

십삼경개론 1
十三經概論

중국 경학 략사

中國經學略史

02

경학략사經學略史

1. 도道를 전하고 경經을 전한 공자 문하의 두 파派

《논어》에 "배우기만 하고 생각하지 않으면 얻는 것이 없고, 생각만 하고 배우지 않으면 정신만 피로하다."[45]라고 한 공자의 말이 기록되어 있다.[46] 공자의 이른바 '배움[學]'이라는 것은 원래 책을 읽고 익히며 연구하는 것에 한정되지 않지만, 책을 연구하고 익히는 것은 당연히 '배움'의 범주에 포함된다. 공자의 이 말을 살펴보면, '배움'과 '생각'을 대등하게 나열하여 함께 고려할 것을 주장하고 어느 한쪽을 버리지 않았다.

배움은 외면으로 향하는 것이고 생각은 내면으로 향하는 것이다. 《중용》의 이른바 '박학博學(널리 배우다)'·'심문審問(자세히 묻다)'은 '배움'에 해당하고, 이른바 '신사愼思(신중하게 생각하다)'·'명변明辨(분명하게 변별하다)'은 '생각'에 해당한다. 배움과 물음을 폭넓게 하고 자세히 하고자 하며 생각과 변별을 분명하고 신중하게 하고자 하는 것은 그 목적이 모두 '독행篤行(독실하게 행하다)'에 있기 때문이니, 이것이 공자의 뜻이다.

---

45 學而不思則罔, 思而不學則殆.

46 【원주】〈위정爲政〉에 보인다.

그러나 공자 문하의 뛰어난 제자에는 '많이 배워 기억하는 것'에 힘을 다한 자가 있고 '하나의 이치로 만사萬事의 이치를 관통하는 것'에 힘을 다한 자가 있다. 전자는 '박학'과 '절문切問(간절히 묻다)'한 자하子夏 같은 이고, 후자는 충서忠恕의 도리를 깨우친 증자曾子 같은 이다. 자사子思와 맹자는 증자의 전통을 계승한 사람이니, 송宋나라 학자들의 이른바 '도통道統'이라는 것은 바로 여기에서 나왔다. 순자荀子는 자하의 학통을 계승한 사람이니, 한漢나라 학자가 전수한 경經이 바로 여기에서 유래한다. 이것은 공자의 제자와 문하가 '전도傳道'와 '전경傳經' 두 파로 나누어진 것이다.

서한西漢 이후 청淸나라 말까지 유가는 최고 권위를 세웠으나[定於一尊], 학술사상은 한漢·송宋 두 파를 이루고 문호가 대치하여 비록 약해지거나 성대해지더라도 다시 두 파의 범위를 넘어서는 자가 없었다. 두 파의 학문은 비록 외면으로 향하는 데에 치우치거나 내면으로 향하는 데에 치우치고, 배우고 묻는 데에 치우치거나 생각과 변별하는 데에 치우치고, 객관적인 책의 장구章句와 훈고訓詁에 치우치거나 주관적인 심성心性의 체험과 존양에 치우치는 차이는 있었으나, 공자를 받들어 바꿀 수 없는 시조始祖로 삼고 경적經籍을 연구대상으로 삼은 것은 똑같았다. 그러므로 고염무顧

炎武는 '경학이 곧 리학理學'이라고 주장한 것이다. 그러나 자세히 살펴보면 결국 경학은 경학, 리학은 리학이어서 저마다 주지主旨와 정신이 있고 또한 저마다 그 장점과 단점이 있으니, 혼동하여 동일한 것이라고 여길 수는 없다.

2. 진秦 시황始皇의 분서焚書

진 시황이 제齊·초楚·연燕·위魏·한韓·조趙 6국을 병탄한 뒤에 봉건제封建制를 폐지하고 군현제郡縣制를 수립하였다.

시황 34년(B.C. 213), 시황이 함양궁咸陽宮에서 주연酒筵을 베풀 때 복야僕射 주청신周靑臣이 시황에게 아첨하자, 박사 순우월淳于越이 홀로 배척하여 '하夏·은殷·주周 삼대三代에는 모두 봉건제를 시행하였는데 지금 갑자기 군현제로 고치니, 일은 옛 전례[古]를 본보기로 삼지 않고서도 오래 유지될 수 있다는 말은 들어본 적이 없다.'고 하였다. 시황이 의론에 부치자, 승상丞相 이사李斯는 '고루한 유자儒者가 옛것을 옳다고 하고 현재의 것을 옳지 않다고 하는 것을 엄격하게 금지해야 한다. 금지하는 법은 옛 책을 불태워 금지하여 그 뿌리를 잘라내는 것만 한 것이 없다.'고 하였다. 그러고 나서 다음과 같이 말하였다.

"사관史官에 보관 중인 책 중에는 진나라의 기록이 아니면 모두 태우시고, 박사관博士官이 관할하는 것이 아닌데 천하에 감히 《시》·《서》, 제자백가의 저서를 소장한 자가 있으면 모두 군현郡縣의 수守·위尉에게 직접 가지고 가서 모두 태우게 하십시오. 감히 모여 《시》·《서》를 말하는 사람이 있으면 기시棄市(시체를 길거리에 버리는 것) 하십시오. 옛것으로 지금을 비난하는 자가 있으면 씨를 말리시고, …… 명령이 내려간 지 30일 안에 태우지 않으면 경형黥刑[47]하고 성단형城旦刑[48]에 처하십시오. 없애지 않을 것은 의약·점복·농사[種樹]에 관련된 책입니다. 배우고자 하는 사람이 있으면 관리를 스승으로 삼게 하십시오."[49]

---

47 경형 : 오형五刑 가운데 하나로, 이마에 죄인이라는 표시를 먹실로 새기는 형벌이다.

48 성단형 : 여순如淳에 의하면 '변경으로 보내 낮에는 도적이나 오랑캐를 감시하고 밤에는 장성을 축성하게 하는 노역으로, 형기는 4년'이라고 한다. (《사기집해史記集解》 참조)

49 臣請史官非秦紀皆燒之. 非博士官所職, 天下敢有藏《詩》·《書》·百家語者, 悉詣守·尉雜燒之. 有敢偶語《詩》·《書》者棄市. 以古非今者族. …… 令下三十日不燒, 黥爲城旦. 所不去者,

시황이 이사의 건의를 따라 《시》·《서》를 불태워 금지하라는 명령을 내렸다. 이로써 진나라 이전의 옛 책은 더할 수 없는 타격을 한차례 받았다.

시황과 이사의 뜻을 미루어보면, 대체로 언론과 사상을 통제하여 학자들이 옛것을 옳다 하고 현재의 것을 옳지 않다고 하여 옛 책을 인용해 당시의 정책과 제도의 전례 없는 개혁을 반대하는 것을 끊으려 한 것이다. 또 공자 이전 왕조에서 벼슬하는 사람[王官]에게 배우던 옛 제도를 회복하기를 바라 배우는 자에게 '관리를 스승으로 삼게 한 것'이다. 그러므로 '옛것으로 지금을 비난하는 자'는 죄가 '씨를 말리는 데'에 이르렀지만, '명령이 내려간 지 30일 안에 태우지 않는 자'는 다만 '경형하고서 성단형에 처'한 것이며, '박사관이 관할하는' 책은 불태우지 않은 것이다. 그러나 분서를 단행한지 4년이 지나 시황이 붕어崩御하고, 5년이 지나 관동關東 지역에서 전쟁이 일어나 진나라가 마침내 망하였으니,

---

醫藥·卜筮·種樹之書. 若欲有學, 以吏爲師. (《사기》〈진시황본기秦始皇本紀〉)

【원주】《사기》〈진시황본기〉 원문에는 '學'자 다음에 '法令' 2자가 있다. 《사기집해史記集解》에는 "어떤 본에는 '法令' 2자가 없다."라는 서광徐廣의 말을 인용하였다. 〈이사열전李斯列傳〉에도 이 2자가 없다.

책을 불태워 금지한 법령도 오랫동안 시행되지는 않았다.

중국에서 왕조가 교체할 즈음에는 비부祕府에 소장된 것
과 민간에 보존된 것이 번번이 전쟁으로 일어난 불에 훼손
되었다. 이와 관련해서는 수隋나라 우홍牛弘의 〈조정에 책
을 헌상할 수 있는 길을 열어달라고 요청하는 표문[請開獻書
之路表]〉에서 서술한 것이 꽤 자세하다.[50]

진나라가 망할 즈음에 소하蕭何가 패공沛公(유방劉邦)을 따
라 관중關中에 들어와 비록 승상부丞相府와 어사부御史府의
지도地圖와 호적戶籍을 수습해갔지만, 소하는 일개 도필리刀
筆吏[51]일 뿐이라 수습한 것이 지도와 호적 따위일 뿐이었다.
항우項羽가 함양咸陽을 전부 불태워버리자 박사관이 관할한
것도 잿더미가 되었다. 청나라 유대괴劉大櫆[52]도 〈분서변焚書

---

50 수나라……자세하다 : 우홍牛弘의 표문表文은 《수서隋書》 권49
   〈우홍열전牛弘列傳〉에 실려 있다.

51 도필리 : 아전衙前을 얕잡아보는 말이다. 죽간竹簡에 잘못 쓴 글
   자를 칼로 긁어내고서 다시 썼기 때문에 '도필리'라고 한다.

52 유대괴(1698~1779) : 안휘성安徽省 동성현桐城縣(지금의 안휘성安
   徽省 종양현樅陽縣 탕구진湯溝鎭 선진촌先進村에 속한다.) 사람으로,
   자字는 재보才甫 또 경남耕南이며, 호號는 해봉海峰이다. 방포方
   苞·요내姚鼐와 함께 동성파桐城派 3조祖 가운데 한 사람이다.
   저서에 《해봉선생문집海峰先生文集》, 《해봉선생시집海峰先生
   詩集》 등이 있고, 《팔가문초八家文鈔》, 《칠률정종七律正宗》, 《역

辨)에서 이를 개탄하는 말[53]을 하였다. 진진秦·한漢 교체기에 경적經籍이 큰 재액을 만난 것이 모두 이렇게 두 번이다.

3. 서한시대西漢時代, 경經을 전수함이 성대해지다

유방劉邦은 사상泗上의 정장亭長[54]으로서 말을 타고 싸워서 천하를 얻어, 배운 것도 없고 재주도 없으며, 시간이 없어 또 한 서적과 문화를 보존하는 데에 뜻을 둘 줄 몰랐다. 혜제惠 帝 4년(B.C. 191) 비로소 공식적으로 협서율挾書律[55]을 폐지

조시약선歷朝詩約選》을 편집하였다.

53 개탄하는 말 : 유대괴는 〈분서변〉에서 《시》, 《서》 등이 사라진 것
   은 항적項籍이 진나라 궁실을 불태운 데에 그 원인이 있으며, 소
   하蕭何가 율령律令과 도서圖書를 수습할 때 성인聖人의 경전을
   함께 수습하였다면 성인의 경전이 남아있을 수도 있었을 것이라
   며 개탄하였다.

54 정장 : 고사故事가 《한서》 〈고제본기高帝本紀 하下〉에 나온다.
   안사고顏師古는 "진나라의 법에 10리를 1정亭이라고 한다. 정장
   은 정亭을 다스리는 관리다. 정亭은 나그네가 머물며 숙식하는
   객사를 이른다.[秦法十里一亭. 亭長者, 主亭之吏也. 亭, 謂停
   留行旅宿食之館.]"라고 하였다.

55 협서율 : 진秦 시황始皇이 B.C. 213년에 농업農業·의약醫藥·복

하는 명령을 내리자 경적經籍이 연속하여 다시 나왔다. 이때 노학자로서 경經을 전수한 것으로 세상에 드러난 자는,《시》에는 신배申培·원고轅固·한영韓嬰,《서》에는 복승伏勝,《예》에는 고당생高堂生,《역》에는 전하田何,《춘추》에는 호모자도胡母子都·동중서董仲舒가 있었다. 그러나 이들이 전수한 경은 다시 그것을 전수하는 사람이 내용을 동일하게 하지 않아 몇 종으로 나누어졌다.

《시》에는《노시魯詩》,《제시齊詩》,《한시韓詩》 3가家가 있는데,《노시》,《한시》는 문제文帝 때 각각 박사를 세웠고,《제시》는 경제景帝 때 박사를 세웠다.《서》에는 구양생歐陽生·대하후大夏侯 승勝·소하후小夏侯 건建 3가가 있는데[56],《구양상서歐陽尚書》는 무제武帝 때 박사를 세웠고,《대하후상서大夏侯尚書》와《소하후상서小夏侯尚書》는 선제宣帝 때 박사를 더 세웠다.《예경禮經》박사는 무제 때 세웠는데, 선제 때

서卜筮 등 실용서를 제외한 모든 책을 민간에서 소장하는 것을 금지한 법령이다. 시황이 당시 승상 이사李斯의 건의를 받아들여 박사관博士官에서 관할한 것 이외의《시》·《서》와 제자백가諸子百家의 책들은 모두 수守나 위尉에게 가져가 불태우게 하였다. 협서율은 한漢 혜제惠帝 4년(B.C. 191)에야 폐지되었다.

56 【원주】모두 복승伏勝 한 계통에서 나뉘어 나왔다.

대대大戴와 소대小戴 두 박사를 나누어 세웠다.[57] 《역》에는
시수施讎·맹희孟喜·양구하梁丘賀 3가가 있는데[58], 무제 때
에는《역경易經》박사만 세웠고 선제 때 3가를 나누어 박사
를 세웠다. 3가 외에 다시 경방京房이 있는데, 역학易學의 별
전別傳이라 하여 원제元帝 때에 박사를 세웠다.《춘추공양
전》에는 엄팽조嚴彭祖·안안락顔安樂 2가가 있는데[59], 무제
때 겨우《춘추공양전》박사를 세웠고 선제 때 2가를 나누어
박사를 세웠다.《춘추곡량전》은 별도로 가구瑕丘·강공江公
이 전한 것인데, 선제 때 비로소 박사를 세웠다.

이른바 '학관學官에 박사를 세웠다'라는 것은 이 경經을
태학太學 교수와 학생의 정본定本으로 삼고 특별히 박사 한
사람을 세워 가르치게 한 것이니, 현재 대학에서 특별히 학
과과정을 설치하고 전문가를 초빙하여 교수로 임용하는 것
과 같다. 서한시대에 제왕帝王이 경經을 높이는 것과 경사經
師가 경을 전수하는 학업의 성대함을 바로 여기에서 알 수
있다.

---

57 【원주】대대大戴는 이름이 덕德, 소대小戴는 이름이 성聖이니,
    모두 후창后蒼의 제자다. 후창은 고당생의 삼전三傳 제자다.

58 【원주】모두 전하田何의 수전數傳 제자다.

59 【원주】모두 동호董胡의 후학 대사大師 휴맹眭孟의 제자다.

《사기》〈유림전儒林傳〉에서 무제가 즉위하면서부터 유학儒學에 관심을 보였고, 두태후竇太后가 죽은 뒤 무안후武安侯 전분田蚡이 승상이 되자, 황제黃帝와 노자老子 사상에 뿌리를 둔 황로학黃老學과 법으로 나라를 다스려야 한다는 형명학刑名學 및 제자백가의 학설을 물리치고 학식이 뛰어난 유학자儒學者 수 백인을 초빙하였다. 그 중에 공손홍公孫弘은 《춘추》를 가지고 포의布衣로서 천자의 삼공三公이 되어 평진후平津侯에 봉해졌다. 그러자 천하의 학사學士들이 바람에 풀이 눕듯이 유학으로 쏠렸다.

공손홍은 원고轅固에게 '곡학아세曲學阿世'한다고 비난당한 사람이다. 그런데도 경술經術로 무제武帝에게 줄을 대어 관직이 승상에까지 이르렀으니, 이록利祿에 열중하는 자가 '경술에 진실로 밝으면 땅에서 검불을 줍는 것처럼 금인金印과 자수紫綬를 손쉽게 얻을 수 있다', '자식에게 상자 가득 황금을 남겨주는 것이 경經 하나를 가르치는 것만 못하다'라고 생각한 것이 괴이할 것이 없다. 세속의 이른바 '책 속에 본래 후한 녹봉이 있고, 책 속에 본래 황금으로 지은 집이 있다'는 것은 서한시대 박사[經生]에게 이미 이런 비루한 관념이 있던 것이다. 이것은 제왕이 이록을 미끼로 삼아서니, 경학을 제창提唱함은 당연한 결과다.

4. 서한시대西漢時代 경학經學의 특징

서한시대 박사에게는 또 이른바 '통경치용通經致用(육경을 통해 실용에 이바지하다)'이라는 말이 있었다. 예를 들어, 《역》을 연구하는 부류에는 재이災異를 점치는 한 유파[60]가 있는데, 창읍왕昌邑王 유하劉賀가 재위했을 때 곽광霍光이 유하[61]를 폐위하고 유병이劉病已를 황제로 세우려 모의한 것을 미리 알았다.[62] 그러니 《서》〈홍범洪範〉 '오행五行'을

---

60 재이를 점치는 한 유파 : 경방京房의 상수역象數易을 가리키는 듯하다.

61 유하(B.C. 92~B.C. 59) : 한나라 제9대 왕이다. 무제武帝의 손자이자 창읍애왕昌邑哀王 유박劉髆의 아들이다. 소제昭帝가 후사 없이 갑자기 죽자, 황후 상관씨上官氏의 명으로 황제가 되었으나, 음행淫行으로 왕위에 오른 지 27일 만에 폐위되었다. 폐위되었기 때문에 '폐제廢帝'라고도 불리며, 폐위된 뒤 해혼후海昏侯에 봉해졌다.

62 《역》을……있었디 : 소제昭帝 원평元平 원년(B.C. 74) 4월에 소제가 붕어하였으나, 후사가 없어 창읍왕 유하를 황제로 세웠다. 유하가 즉위하자, 하늘이 흐려 낮이고 밤이고 해와 달이 보이지 않았다. 유하가 외출하려고 하자, 광록대부 하후승夏侯勝이 수레를 막고 "하늘이 오래도록 흐린데도 비가 내리지 않으니, 신하 중에 주상을 도모하려는 자가 있는 것입니다. 폐하께서는 어디를 가려 하십니까?"라고 간언하였다. 유하가 노하여 하후승을 결박하여

연구하는 이는 변화를 살펴볼 수 있고, 〈우공禹貢〉 1편을
연구하는 이는 황하黃河를 정비할 수 있으며, 《시》 300편
을 연구하는 이는 간언하는 상소를 담당할 수 있으며, 《춘
추》를 연구하는 이는 옥사獄事를 결단할 수 있었다. 이러

옥리에게 넘기자, 옥리가 대장군 곽광霍光에게 아뢰었다. 곽광이
당시 거기장군 장안세張安世와 모의하여 유하를 폐위하려고 하
였다. 곽광은 말을 누설하였다고 장안세를 꾸짖었으나, 장안세는
실로 누설하지 않았다. 하후승을 불러 물으니, 하후승이 《홍범오
행전》을 올리며 "황제가 극極을 세우지 않으면 하늘이 그 벌로
항상 흐리게 하니, 이때에는 아랫사람 중에 윗사람을 치려는 자
가 있다.'라고 하니, 감히 하나하나 말할 수 없으므로 신하 중에
도모하려는 자가 있다고 한 것입니다."라고 하였다. 곽광과 장안
세가 《홍범오행전》을 읽고 매우 놀랐다. 이 때문에 경학을 익힌
사람을 더욱 중시하였다. 몇 일 뒤에 마침내 함께 유하를 폐위하
였으니, 바로 항상 흐림의 분명한 징험이다.[昭帝元平元年四月
崩, 亡嗣, 立昌邑王賀. 賀卽位, 天陰, 晝夜不見日月. 賀欲出. 光祿
大夫夏侯勝當車諫曰: "天久陰而不雨, 臣下有謀上者. 陛下欲何
之?" 賀怒, 縛勝以屬吏, 吏白大將軍霍光. 光時與車騎將軍張安世
謀欲廢賀. 光讓安世, 以爲泄語, 安世實不泄, 召問勝. 勝上《洪範五
行傳》曰: "'皇之不極, 厥罰常陰, 時則有下人伐上.' 不敢察察言,
故云臣下有謀." 光·安世讀之, 大驚. 以此益重經術士. 後數日卒
共廢賀, 此常陰之明效也.] 《한서》 〈오행전五行傳〉 곽광은 유하를
폐위하고 그해 9월 무제의 태자 유거劉據의 손자 유병이劉病已를
제10대 선제宣帝로 세웠다.

한 치용致用의 법은 후세에 《효경》을 읽어 황건적을 물리
치고[63] 《대학大學》을 읽어 적병을 물리치려 한 것[64]과 더불
어 지금의 관점에서 보면 거의 똑같이 황당무계할 뿐이다.

또 이른바 《역》의 재이, 《서》의 오행, 《제시齊詩》의 오제五際[65]와

---

63 《효경》을……물리치고 : 《후한서後漢書》 권81 〈상허열전向栩列
傳〉에 '다만 장수를 파견하여 하수河水 가에서 북쪽을 향해 《효
경》을 읽으면 적들이 저절로 소멸할 것[但遣將於河上北向讀《孝
經》, 賊自當消滅.]'이라는 상허의 말이 보인다. 결국 상허는 내응
內應의 혐의로 죽임을 당한다.

64 《대학》을……한 것 : 《송사宋史》 권451 〈육수부열전陸秀夫列傳〉
에 "비록 분주히 떠도는 가운데서도 매일 《대학장구》를 써서 〈어
린 황제를 모시고〉 권강하였다.[雖匆遽流離中, 猶日書《大學章句》
以勸講.]"는 말이 보이는데, 이것을 가리키는 듯하다. 송나라는 결
국 애산전투崖山戰鬪에서 패하고 육수부가 어린 황제(위왕衞王 조
병趙昺)를 업고 물에 뛰어듦으로써 멸망하였다.

65 오제 : 《시》의 시편을 음양오행설에 부회附會하여 십이지十二支
중 묘卯 · 유酉 · 오午 · 술戌 · 해亥에 분배시킨 것이다. 《한서》 〈익
봉전翼奉傳〉에서 맹강孟康은 다음과 같이 말하였다. "《한시내전
韓詩內傳》에 '오제는 묘卯 · 유酉 · 오午 · 술戌 · 해亥다. 음양陰陽
의 시작과 끝이 만나는 해에는 개혁하는 정사를 둔다.'라고 하였
다.[孟康曰: "《詩內傳》: '五際, 卯 · 酉 · 午 · 戌 · 亥也. 陰陽終始際會
之歲, 於此則有變改之政也.'"]"
　　정현鄭玄은 《육예론六藝論》에서 춘추위春秋緯 《연공도演孔
圖》의 "《시》는 오제와 육정을 포함한다.[《詩》, 含五際六情.]"를 인

육정六情⁶⁶,《예》의 봉선封禪⁶⁷과 군사群祀⁶⁸,《춘추공양전》
의 대가 동중서董仲舒가 비 오기를 바랄 때에는 제양諸陽을

용하고, 시위詩緯《시범력추詩汎曆樞》를 인용하여 다음과 같이
말하였다. "오午와 해亥의 때는 천명天命을 개혁해야 하는 때고,
묘卯와 유酉의 때는 정사政事를 개혁해야 하는 때니, 임금[辰]은
천문天門(술戌·해亥의 사이로 건乾이 의거하는 곳이다. -《후한서後漢
書》〈낭개열전郎凱列傳〉의 송균宋均 주注)에서 제왕의 흥망과 득실을
살펴야 한다. 묘卯는 〈소아小雅 천보天保〉고, 유酉는 〈소아小雅
기보祈父〉며, 오午는 〈소아小雅 채기采芑〉고, 해亥는 〈대아大雅
대명大明〉이다. 그렇다면 해亥는 천명을 개혁해야 하는 때니 일제
一際고, 해亥는 또 천문에서 제왕의 흥망과 득실을 살펴야 하니
이제二際며, 묘卯는 음양이 교차하는 때니 삼제三際고, 오午는 양
이 쇠퇴하고 음이 일어나는 때니 사제四際며, 유酉는 음이 왕성하
고 양이 쇠미한 때니 오제五際다.'라고 하였다."[午亥之際爲革命,
卯酉之際爲改正. 辰在天門, 出入候聽. 卯, 〈天保〉也. 酉, 〈祈父〉也.
午, 〈采芑〉也. 亥, 〈大明〉也. 然則亥爲革命, 一際也. 亥又爲天門出
入候聽, 二際也. 卯爲陰陽交際, 三際也. 午爲陽謝陰興, 四際也. 酉
爲陰盛陽微, 五際也.] ('卯酉之際爲改正'의 '正'은《후한서》〈낭개열
전〉에 의거하여 '政'으로 풀이하였다.)

66 육정 : 희喜·노怒·애哀·락樂·호好·오惡다. (《모시정의毛詩正
   義》〈주남周南 관저關雎〉소서小序의 소疏 참조)

67 봉선 : 제왕帝王이 하늘과 땅에 성대하게 지내는 제사의식이다.
   하늘에 지내는 제사가 봉封, 땅에 지내는 제사가 선禪이다. (《사
   기》〈봉선서封禪書〉참조)

68 군사 : 사전祀典에 기록되어 있는 제사다.

막고 날이 개기를 바랄 때에는 제음諸陰을 막은 술법[69]은 거의 방사方士적인 색채와 미신迷信적인 의미가 있지 않음이 없다.

대체로 진 시황과 한 무제가 미신迷信, 방사方士, 신선神仙을 더욱 제창한 뒤로부터 전국시대戰國時代 연燕·제齊 두 나라에서 비롯한 방사의 세력이 매우 강성해져 미신과 터무니없는 주장이 사람의 마음에 깊이 들어갈 뿐만 아니라 곡학아세하는 박사[經生]도 다시 임금에게 총애를 받으려고 하였기 때문에 겉으로 그럴 듯하게 경술經術을 꾸몄으니, 유가儒家가 이미 방사와 혼합되어 하나처럼 되었다. 이 두 가지는 모두 서한시대 경학의 단점이다.

서한시대에는 종이가 아직 발명되지 않아 죽간竹簡 이외에 비단이 있었을 뿐이다.《한서》〈예문지〉에 저록한 책들은 편篇으로 헤아리기도 하고 권卷으로 헤아리기도 하니, '편'으로 헤아린 것은 죽간[簡冊]을 사용한 것이고 '권'으로 헤아

---

69 동중서가……술법 :《한서漢書》권56〈동중서전董仲舒傳〉에 "《춘추》에 기록된 천재지이天災地異의 변화로써 음양陰陽이 운행하는 이치를 미루었다. 그러므로 비 오기를 바랄 때에는 제양諸陽을 막고 제음諸陰을 풀어놓았으며, 비를 그치게 할 때에는 이와 반대로 하였다.[以《春秋》災異之變推陰陽所以錯行, 故求雨, 閉諸陽, 縱諸陰, 其止雨反是.]"라고 하였다.

린 것은 비단을 사용한 것이다. 죽간은 무겁고 비단은 값이 비싸며 책을 얻기도 쉽지 않고, 서한시대에는 인쇄술이 나오기 전이라 직접 손으로 베끼는 것에 의존하였다. 손으로 베끼는 것은 지극히 어렵고 또 오류가 나기 쉬웠기 때문에, 스승이 제자에게 본경本經(원본이 되는 경서)을 전수하는 것이 지극히 중요하였다. 여기에서 이른바 '사법師法'이라는 것이 있게 되었다.

다만 《역》의 전수는 모두 전하田何에게서 나왔으나 시수施讎·맹희孟喜·양구하梁丘賀 3가家로 나누어졌고, 《서》의 전수는 모두 복승伏勝에게서 나왔으나 구양생歐陽生·대하후大夏侯(하후승夏侯勝)·소하후小夏侯(하후건夏侯健) 3가로 나누어졌다. 여기에서 '사법' 이외에 다시 이른바 '가법家法'이라는 것이 있게 되었다. 이것이 또 서한시대 경학에서 주의할만한 일이다.

서한시대에는 경사經師가 경을 연구할 때 저마다 하나의 경만을 전공한 이가 많았고, 심지어 '어떤 이는 아雅를 배우고 어떤 이는 송頌을 배워' 몇 사람을 모아야 하나의 경을 연구할 수 있었다. 여러 경에 대해, 처음에는 장章을 나누고 구句를 끊으며 경문에 구두점을 찍고 어느 경을 배울지 정하기[離經辨志] 때문에, 이른바 '장구章句'라는 것이 있게 되

었다.[70] 간혹 훈고와 해설을 더하여 이른바 '고훈故訓', '해고
解詁', '설의說義'라는 것이 있었는데[71], 결국 모두 경의 대의
大義를 거듭 밝히는 것을 위주로 하여 편질篇帙도 그다지 많
지 않았다. 가르침을 받은 제자도 사람 수가 그다지 많지는
않았다.

또 당시 학관의 박사가 전수하고 익힌 경전[經本]은 모두
서한시대에 통행한 예서隸書로 쓰여 있었다. 대체로 노성한
학자가 경을 전수할 때, 책[書]은 필사한 것을 사용하고 뜻
[義]은 구두口頭로 전수하였다. 그러므로 가법이 아무리 다
르더라도 경전은 모두 예서로 쓰여 있었다. 대체로 이러한
여러 단서는 자질구레한 것에 가깝지만 서한시대 학풍을 대
강은 볼 수 있을 것이다.

---

70 【원주】예를 들어, 《한서》〈예문지 육예략六藝略〉 서류書類에
《구양장구歐陽章句》 31권, 《대소하후장구大小夏侯章句》 각 29
권이 있다.

71 【원주】예를 들어, 《한서》〈예문지 육예략六藝略〉 시류詩類에
《노고魯故》 25권, 《노설魯說》 28권이 있으며, 서류書類에《구양
설의歐陽說義》 2편이 있다.

5. 고문경古文經의 발견

서한西漢 애제哀帝 때, 유흠劉歆이 황제의 명을 받아 부친 유향劉向과 함께 비부祕府(황실도서관)의 서적을 교감하면서 고문古文으로 쓰인 경전을 발견하였다. 그런데 글자가 더 있거나 다르거나 할 뿐만 아니라 박사관博士官에서 학생을 가르치는 본本과 달랐고, 게다가 편장篇章도 더 많은 것[72]이 있으며 박사도 본 적이 없는 온전한 경전[73]도 있었으니, 이것이 이른바 '고문경古文經'이다. 고문경의 내력은 험준한 바위산이나 집의 벽속에서 나오기도 하고 민간에서 얻기도 하였으나, 대체로는 여러 왕과 공公·경卿이 바친 것[74]을 궁중의 비부祕府에 보관한 것이다. 이러한 고문경을 얻은 뒤에 박사관에서 전수하고 익힌 본本을 '금문경今文經'이라고 불렀다. 고문경을 믿는 자는 금문경을 진 시황의 분서焚書 이후 잔결된 것이어서 온전하지 않다 하고, 금문경을 믿는 자는 고문경

---

72 【원주】《서》와《예》같은 것이다.

73 【원주】《주관周官》과《좌전左傳》같은 것이다. (《주관》은 당나라 이후 대체로《주례周禮》라고 불렀다. - 역자)

74 【원주】예를 들어,《서》는 노魯 공왕共王이 바친 것이고,《좌전左傳》은 장창張蒼이 바친 것이다.

을 유흠이 위조한 것이어서 모두 믿을 수 없다고 한다. 여기
에서 금문파와 고문파 두 파로 갈라져 다툼이 시작되었다.

유흠은 고문경《일례逸禮》,《모시毛詩》,《좌전左傳》을 학
관에 세우기를 청하였으나 태상시太常寺 박사들의 반대에
부딪히자, 글을 보내 그들을 꾸짖었다. 결국 이를 계기로 격
렬하게 공분公憤이 일어나 광록대부光祿大夫 공승龔勝이 거
취去就를 걸고 힘껏 논쟁하였으며, 대사공大司空 사단師丹도
유흠이 오래된 법도[舊章]를 고치고 선제先帝가 세운 것을
비방하고 훼손하려 한다고 상소하였다. 유흠이 두려워하여
마침내 하내태수河內太守로 전출轉出해줄 것을 청하였다. 왕
망王莽이 왕위를 찬탈하였을 때, 유흠은 '국사國師'가 되어
가신공嘉信公에 봉해졌으나, 옛 좌장군左將軍 공손록公孫祿
이 여전히 유흠이 오경을 어지럽히고 사법師法을 훼멸한다
고 상소하면서 유흠을 주벌하여 천하에 사죄하기를 청하였
으니, 그렇다면 당시 학자가 유흠을 아주 몹시 싫어하였음
을 알 수 있나. 이것이 서한 말기 경학사상經學史上 하나의
중대한 사건이다.

6. 동한東漢 시기 금고문今古文의 분쟁과 혼합

동한東漢 초기에도 여전히 금문과 고문이 대치한 상태였다. 광무제光武帝 때 상서령尙書令 한흠韓歆이 고문경《가씨역賈氏易》및《좌전》박사를 세울 것을 청하였다. 광무제가 운대雲臺에 공公·경卿·학사를 모아 한흠 및 태중대부太中大夫 허숙許淑, 박사 범승范升에게 명하여 금문과 고문에 대해 논변하게 하였는데, 해가 중천에 이르러서야 파하였다. 그러나 진원陳元이 다시 상소하여 범승에 맞서 변론하였다.[75] 마침내《좌전》박사를 학관에 세웠으나 박사 이봉李封이 죽은 뒤에《좌전》박사를 다시 폐지하였다.

　장제章帝 때에 또 백호관白虎觀에 여러 학자를 성대히 모아 고문가古文家 가규賈逵와 금문가今文家 이육李育의 논변을 거쳤는데, 사관史官이 '주고받는 의론이 모두 조리가 있다'고 하였다.

　이렇게 두 차례 공개적인 논변을 하였고, 이외에 사인간私

---

75 진원이……변론하였다 : 범승은《좌전》이 공자가 아닌 좌구명左丘明에서 나왔으니 학관에 세울 수 없다고 주장한 반면, 진원은 좌구명이 매우 현명하고 공자에게 직접 배웠음을 말하면서《좌전》을 학관에 세울 것을 주장하였다. (《후한서》〈범승열전范升列傳〉, 〈진원열전陳元列傳〉 참조)

人間에 두 파가 틀어진 사실은 거의 기록하려고 해도 이루다 기록할 수 없다. 예를 들어, 금문가 하휴何休는 《공양묵수公羊墨守》, 《좌씨고맹左氏膏肓》, 《곡량폐질穀梁廢疾》을 지어 《춘추공양전春秋公羊傳》을 내세웠고, 정현鄭玄은 곧바로 《발묵수發墨守》, 《침고맹鍼膏肓》, 《기폐질起廢疾》을 지어 하휴에 맞섰다. 정현이 고문을 전적으로 주장한 것은 아니지만 고문을 편들었음을 여기에서 알 수 있다. 그렇다면 서한 말기에 시작된 금문과 고문의 다툼이 동한 때에 이르러 더욱 격렬해진 것이다. 그러나 배우는 자는 이미 고문으로 경도된 이가 많고 제왕도 고문을 지지한 이가 많았다.

동한의 저명한 경사經師 가규賈逵·정중鄭衆·마융馬融·허신許愼 같은 이들은 모두 고문파의 맹장猛將(중심인물)이고, 금문파는 하휴를 제외하고는 거의 이름 없는 사람뿐이었으니, 그렇다면 금문경이 서한 때에 성행하고 고문경이 동한 때에 성행하였다고 해도 안 될 것은 없다. 정현은 참으로 고문경을 지지한 사람이지만 경經을 해설할 경우에는 가법家法에 얽매이지 않고 금문경과 고문경을 아울러 사용하였다. 예를 들어, 정현이 지은 《모시전毛詩箋》은 모형毛亨의 전傳을 위주로 하였으니 바로 고문경이지만, 금문경 《노시魯詩》, 《제시齊詩》, 《한시韓詩》 3가의 설을 아울러 채록하였으며, 삼

례三禮를 주석할 때에는 다만 고문경《주례周禮》와 금문경
《의례儀禮》를 융합하여 그 차이를 조정하고자 하였다. 왕숙
王肅은 오로지 정현의 오류를 들춰내 공박攻駁하는 것을 좋
아하였지만 금문경과 고문경의 설을 혼합한 것은 정현과 동
일하였다. 그러므로 금문경과 고문경은 서한西漢 말기에 나
누어졌다가 동한東漢 말기에 이르러 다시 혼합되었다.

7. 동한시대東漢時代 경학의 특징

동한시대 경학과 서한시대 경학의 차이점은 이것만이 아니
다.《후한서》〈유림전儒林傳〉에 실린 것에 의거하면 동한시
대의 경사經師는 몇 가지 경經을 아울러 연구한 이가 많다.
정현 같은 경우에는 여러 경적에 두루 주석하여, 제자의 명
부에 이름을 올린 사가 언제나 천으로 헤아렸고 많을 경우
에는 만여 명이나 되었으며, 경을 해설한 책도 번번이 10만
자 100만자나 되었다. 이것은 모두 서한시대에는 없던 현상
이다. 아마도 이때에는 종이가 발명된 뒤기 때문에 글씨를
쓰기가 비교적 쉽고, 여러 경전의 대의大義도 대략 천명된
뒤기 때문에 자구字句의 훈고訓詁와 명물名物의 고증에 다

시 깊이 알고자 하였기 때문일 것이다.[76]

그리고 경학가가 이때에 권위 있는 학벌을 형성하였기 때문에 후광에 빌붙기[附光] 원하는 사람은 모두 급문제자及門弟子가 되는 것을 영광으로 여겼으니, 이른바 만여 명의 급문제자라는 것은 애초에 사람마다 모두 경을 연구하는 데에 뜻을 둘 필요가 없고, 또 사람마다 큰 스승에게 직접 수업받기를 바랄 필요도 없었다. 다만 서한시대에 문자학文字學을 연구한 것은 겨우 각 학가의 훈고를 모아 완성한《이아爾雅》와 어린아이에게 글자를 가르치는《범장편凡將篇》,《훈찬訓纂》뿐이었다. 그러나 동한東漢 허신許愼의《설문해자說文解字》는 바로 중국의 문자학을 완성한 권위와 가치가 있는 명저니, 그렇다면 동한 박사[經生]가 훈고와 문자를 연구한 성과가 실로 서한西漢을 월등하게 능가한 것이다. 그러므로 자질구레하고 장황하게 늘어놓은 유폐로 동한시대의 경학을 일괄적으로 논하여 장점을 매몰시키는 것은 아마도 잘못인 듯하다. 그러나 또 동한의 경사, 예를 들어《공양전》을 연구

---

76 【원주】도연명陶淵明은〈오류선생전五柳先生傳〉에서 "책을 읽는 것을 좋아하였으나 깊이 알려고[甚解] 하지 않았다."라고 하였다. 진연군秦延君은《상서》〈요전〉에 주석할 때, 편명篇名과 첫 구 '왈약계고曰若稽古' 4자를 풀이하는 데에만 10여만 자였다고 하니, 이것이 바로 이른바 '깊이 알려고 하는 것[甚解]'이다.

한 하휴何休는 대의大義와 미언微言을 드러내 밝힌 것이 많으니 서한의 공양대사公羊大師 동중서董仲舒에 비해서도 나은 점이 있다. 그러므로 양한兩漢 경학을 평론하여 '후한이 전한만 못하다'라고 일률적으로 논한 것은 또한 독실한 논의가 아니다.

왕숙은 정현을 반대하기 때문에 《공자가어孔子家語》, 《공총자孔叢子》를 위조하여 자신이 지은 《성증론聖證論》의 근거로 삼는 것을 아까워하지 않고, 또 《고문상서공안국전古文尙書孔安國傳》을 위조하였다. 왕숙은 위魏 명제明帝 때에 이미 관직이 산기상시散騎常侍에 이르렀으니, 동한 말기에 태어났음을 알 수 있다. 동한 경학은 이 위서僞書를 조작한 사람(왕숙)을 만난 것이 결국에는 실로 하나의 큰 오점이 되었다.

다만 유흠이 제창한 고문경은 《역》·《시》의 경문이 금문본과 큰 차이가 없고, 《서》·《예》·《논어》·《효경》은 금문본에 비혜 많은 편장篇章이 담화曇花처럼 잠깐 나타났다 모두 망실된 것을 제외하고 지금 남아있는 것은 《좌전》·《주례》두 책뿐이다. 해설하는 자는 '《좌전》은 바로 유흠이 《국어國語》가운데 일부분을 뽑아 《춘추》에 붙여놓은 것이며, 《주례》는 바로 유흠이 위조하여 신新나라를 세운 왕망王莽을 도운 것'이라고 하고, 유흠이 《좌전》을 위조한 이유에 대해

'여러 경전에 모두 고문본이 있는 것은 다《주례》가 위조된 것이 아님을 증명하려고 하였을 뿐'이라고 아울러 말하였 다.[77] 그렇다면 서한 경학도 결국에는 고경古經을 하나같이 위조하고 어지럽힌 유흠을 만난 것이 실로 하나의 큰 오점 이 된 것이다.

유흠은 서한의 왕실 사람[78]으로 신나라 왕망을 도와 존귀 함으로는 국사國師가 되었고, 유흠이 제창한 고문경 역시 신나라 왕실에 이르러서야 학관에 세워졌다. 왕숙은 위나라 대신이자 진晉 무제武帝 사마염司馬炎의 외손으로 내척內戚 (아버지 쪽의 친척)이 사마씨司馬氏를 두둔하였기 때문에 왕 숙의 아비 왕랑王郎의《역전易傳》과 왕숙이 주석한 각종 경 전이 서진西晉 때에 모두 학관에 세워질 수 있었다. 유흠과 왕숙 두 사람은 거의 멀리서 서로 마주보고 있는 자다.

---

77 【원주】'제4편 주례개론周禮槪論'과 '제6편 춘추경전개론春秋經 傳槪論'에 자세히 보인다.

78 유흠은……사람 : 유흠은 한漢나라를 창건한 고조高祖 유방劉邦 의 이모제異母弟로서 넷째 아우 유교劉交의 후손이다.

8. 위진시대魏晉時代의 경학

위진시대의 경학에는 주의할 만한 점이 하나 있다. 바로 위진시대에 노장老莊의 현학적玄學的 담론이 다시 일어나 그 영향이 경학에 미쳤다는 점이다. 가장 유명한 것은 왕필王弼의 《역주易注》다. 역학易學은 서한 때에 경방京房 한 학파가 있었는데, 전적으로 재이災異를 점치는 것을 말하고, 동한 때에는 우번虞翻 같은 이가 《역》에 주석하면서 위백양魏伯陽의 《참동계參同契》를 인용하였다. 공자가 《역》의 원리를 밝혀[贊易] 점치는 책을 철리哲理를 말하는 책으로 바꿔놓았으나, 양한兩漢의 역학에서는 모두 다시 미신으로 돌아가는 경향이 있다. 이렇게 말하는 이유는 무엇인가?

서한 경학은 방사方士와 유가儒家가 혼합된 영향을 받았음은 이미 앞에서 서술한 것과 같다. 서한 말기 애제哀帝와 평제平帝 시대에 예언이 발전하여 도참설圖讖說이 완성되었기 때문이다. 진秦나라 시대에 이미 '삼호망진三戶亡秦(세 가구의 집이라도 진나라를 멸망시킬 것이다)', '망진자호亡秦者胡(진나라를 멸망시킬 자는 호胡다)' 같은 여러 예언이 있었고, 진섭陳涉의 구화호명篝火狐鳴[79]과 유방劉邦의 적제참사赤帝斬

---

79 구화호명 : 구화篝火는 대나무로 만든 작은 바구니나 새장을 매

蛇[80]는 제왕이 되는 상서로운 징조를 보여주는 고사다. 광무

달아 놓고 불을 피우는 것이다. 진승陳勝이 은밀히 오광吳廣에게
군대가 주둔한 곳 옆의 사당에 가서 밤에 도깨비불을 피우고 여
우가 우는 듯한 소리로 "대초大楚가 일어나고 진승이 왕이 된
다.[大楚興, 陳勝王.]"라고 외치게 하였다. 《사기》〈진섭열전陳涉列
傳〉 참조)

80 적제참사 : 유방이 진秦나라에서 정장亭長으로서 여산酈山으로
죄인을 호송할 때의 고사故事다. 《사기》〈고조본기高祖本紀〉에
다음과 같이 말하였다. "앞서 간 자가 돌아와 '앞에 큰 뱀이 좁은
길을 막고 있으니 돌아가십시오.'라고 보고하였다. 고조가 술에
취하여 '장사가 가는 길에 무엇을 두려워하랴!' 하고는 앞으로 가
서 검을 뽑아 뱀을 베었다. 뱀이 둘로 갈라지고 길이 열렸다. 몇
리를 가다가 취해서 길에 누웠다. 뒤따라온 사람이 뱀이 있던 곳
에서 한밤에 곡하는 한 노파를 보았다. 그 사람이 왜 곡을 하냐고
묻자, 노파는 '어떤 사람이 내 아들을 죽였기에 곡을 하는 것이오.'라
고 하였다. 그 사람이 '노파의 아들이 어째서 죽임을 당한 것이
오?'라고 물었다. 노파는 '내 아들은 백제白帝의 아들이오. 뱀으
로 변하여 길을 막고 있었는데 지금 적제赤帝의 아들에게 베였
소. 그래서 곡하는 것이오.'라고 하였다. 그 사람은 노파가 황당한
말을 한다고 여겨 일러 주려고 하는데 노파가 갑자기 보이지 않
았다. 뒷사람이 도착하니 고조가 잠에서 깨었다. 뒷사람이 고조
에게 이를 말해주자 고조는 속으로 기뻐하며 자부하였다. 따르는
사람들이 날로 더욱 고조를 두려워하였다.[行前者還報曰: "前有
大蛇當徑, 願還." 高祖醉, 曰: "壯士行, 何畏!" 乃前, 拔劍擊斬蛇.
蛇遂分爲兩, 徑開. 行數里, 醉, 因臥. 後人來至蛇所, 有一老嫗夜

제가 중흥中興했을 때에도 '유수작천자劉秀作天子(유수가 천자가 된다)'라는 예언과 〈적복부赤伏符〉의 상서로운 징조가 있었다. 그래서 도참圖讖이 동한 초기에 널리 성행하였다.

육경 외에 또 육위六緯라는 것이 있다. 위서緯書는 도참설과 유사한 것으로 경서를 부회한 것이다. 동한은 〈적복부〉로 흥하고 황건적黃巾賊으로 멸망하였는데, 동한 말년에 황건적과 관계가 밀접한 장도릉張道陵이 창시한 도사道士의 오두미교五斗米敎는 노장의 도가道家가 변하여 도교道敎가 된 것이다. 학술은 사회와 떨어져 독립할 수 없다. 이러한 미신과 기분氣氛(길흉을 나타내는 운기雲氣)이 만연한 사회에서 학술계만 어찌 깨끗할 수 있겠는가? 정현이 경서에 주석할 때에도 위서를 인용하였는데 하물며 다른 책이겠는가? 그렇다면 《참동계》 같은 책의 내용이 역학易學에 스며들어간 것은 별로 괴이하게 여길 것이 없다. 왕필이 《역》에 주석할 때, 유독 술수術數를 물리치고 철리를 말하였으니, 아마도 왕필의 《주역주周易注》가 천고에 보존된 이유일 것이다.

哭. 人問何哭, 嫗曰: "人殺吾子, 故哭之." 人曰: "嫗子何爲見殺?" 嫗曰: "吾, 白帝子也, 化爲蛇, 當道, 今爲赤帝子斬之, 故哭." 人乃以嫗爲不誠, 欲告之, 嫗因忽不見. 後人至, 高祖覺. 後人告高祖, 高祖乃心獨喜, 自負. 諸從者日益畏之.]"

동한 경학이 자질구레한 데에 흠이 있음은 이미 앞에서 서술한 것과 같다. 그러나 위진시대 사람이 경서를 설명할 때, 유독 현학적 담론을 숭상하고 문사文辭는 늘 간략한 것을 모아 한결같이 동한 사람의 학풍과 반대였다. 왕필의《주역주》 외에 하안何晏 등의《논어집해論語集解》같은 것도 동한 경사經師가 주석한 것과 그 취지가 매우 다르다. 이것이 위진 경학의 특색이다.

9. 경학 쇠락의 인因과 연緣

동진東晉이 남쪽으로 옮겨간 뒤[81]부터 곧바로 명明나라 말기까지는 경학이 쇠락한 시대다. 경학의 쇠락에는 역시 그 인과 연이 있게 마련이다. 인因은 경학 그 자체로 발생한 원인이니, 바로 동한 말기에 경학이 자질구레한 데로 흐르고 미신과 관련되어 학자가 믿고 받드는 것에 다시 언간 짓기 부족한 것이요, 연緣은 경

---

81 동진이……옮겨간 뒤 : 진晉 왕조가 호족胡族의 침입으로 316년
    멸망한 뒤, 일족 중 사마예司馬睿(동진의 원제元帝)가 317년에 양
    자강揚子江 이남 건업建業(남경南京)을 국도로 진 왕조를 다시 세
    웠다. 이를 동진東晉이라고 부른다.

학 이외에 주변 환경의 자극이니, 동진 이후 문학文學이 갑자기 발전하고 북송北宋 이후 리학理學이 갑자기 발생하여 학풍이 달라진 것이다.

육조六朝시대부터 오대십국五代十國시대까지는 문학의 황금기로서 변려문騈儷文이 육조시대에 성행하였으며, 중당中唐에 이르러 변려문을 변화시켜 산문체로 만든 고문古文[82]이 있고, 만당晚唐에 이르러 변려문을 더욱 발전시킨 사륙변려문四六騈儷文이 있었다. 근체시近體詩가 육조시대에 생기고 당나라에 이르러 율시律詩·절시絶詩·고시古詩가 모

---

82 변려문을……고문 : 유종원柳宗元이 문장형식을 혁신한 '화병위산化騈爲散'을 말한다. 화병위산은 변려문騈儷文의 대구對句를 변화시켜 산구散句로 만들어 변려문騈儷文과 산문을 결합시키고, 전아典雅한 문장을 변화시켜 통속적通俗的인 문장으로 만들되 전고典故를 사용하지 않거나 적게 사용하고, 간단한 대구를 변화시켜 산구散句의 긴 대련對聯[散句長聯]으로 만들고, 또 변려문의 성운聲韻과 사조辭藻 방면의 특점을 산문 가운데 운용하여, 변려문의 성운을 변화시켜 산문의 성운으로 만들어 산문도 똑같이 성운미聲韻美를 갖도록 하며, 허자虛字를 많이 사용하며, 육조시대六朝時代 변려문의 '잠기내전潛氣內轉'의 특징을 바꿔서 만든 새로운 문기文氣를 이른다.(莫山洪,〈論柳宗元的'化騈爲散'與古文形式的確立〉《浙江社會科學》, 2009년 4期 참조)

두 발전하여 시詩의 전성기를 이루었다. 장단구長短句[83]도 육조시대 민가民歌에서 배태되었고, 만당에 이르러 신흥 문학을 이루었다. 오대십국시대에 이르러서는 사詞가 거의 시를 대신하고, 육조시대 기괴한 일을 적은 글은 고작 고사故事 형식의 필기筆記가 되었으며, 당나라에 이르러 전기소설傳奇小說이 마침내 발달하여 정점에 이르렀다.

　이러한 추세는 송宋나라 이후에도 없어지지 않았다. 고문과 사륙변려문, 시와 사는 양송兩宋시대에도 성행하였지만 사의 발전은 만당이나 오대십국보다도 더욱 성행하였고, 또 사의 변화·발전을 통해 곡曲이 만들어져 원元나라의 북곡北曲[84]과 잡극雜劇[85], 명明나라의 남곡南曲[86]과 전기傳奇[87]가

---

83 장단구 : 한시漢詩에서 글자의 수가 많은 구절과 적은 구절을 섞어서 짓는 시형詩形을 말한다.

84 북곡 : 중국 북방계의 가곡歌曲 또는 이를 바탕으로 한 희곡이다. 금나라의 원본院本이 진화된 것으로, 원나라 때에 매우 성행하여 원곡元曲이라고도 불린다.

85 잡극 : 중국에서 이루어진 연극 형태의 하나로, 송나라 때는 익살 풍자극諷刺劇, 원나라 때는 고사故事·전설·재판 등의 내용을 다룬 가극歌劇, 명나라와 청나라 때는 단편극短篇劇을 일렀다.

86 남곡 : 중국 원나라 말기에 남쪽 절강성浙江省 항주杭州를 중심으로 발달한 희곡이다.

87 전기 : 중국 당나라 때 발생한 문어체 소설로, 귀신과 인연을 맺거

문학사 가운데 저마다 특별한 지위를 갖게 되었다. 소설에 이르러서는 다시 문언문의 단편 전기체傳奇體 소설을 바탕으로 발전하여 백화문白話文의 장편 장회체章回體[88] 소설이 만들어졌다.

문학이 매우 성대하게 발전한 뒤에는 재능과 지혜를 가진 사람이 자질구레하게 따지고 드는 경학을 싫어하고 사람들이 문학으로 향하리라는 것은 또한 예상된 일이다. 경학 연구는 원전 중심이며[書本的] 객관적이며 자질구레하게 따지니, 배우는 자가 참으로 점점 싫어하게 되었을 것이다.

육조시대부터 당나라 때까지 불교佛敎 경론經論의 번역이 점차 많아지고, 달마達摩가 중국으로 들어온 뒤에 10년 동안 면벽수도面壁修道 하고, 또 직접 심성心性을 가리키고 언전言詮(언어로 표현하는 것)에 떨어지지 않는 선종禪宗을 창시하자, 동진東晉시대에는 문인학사 중에 방외인方外人[89]과 왕래하는 자가 많았다.

나 용궁龍宮에 가보는 것과 같은 기괴하고 신기한 일을 내용으로 한다.

88 장회체 : 장편 소설 체계 가운데 하나로, 전편을 여러 회로 나눠 서술하며, 매 회마다 제목이 붙어 있다.

89 방외인 : 세속의 예법禮法에 얽매이지 않는 사람으로, 승려僧侶 · 도사道士 · 은자隱者 등을 가리킨다.

북송北宋 초기에 이르러 선종의 철리哲理가 마침내 유가儒家·도교道敎의 사상과 융합하여 이른바 '리학理學'이라는 것을 탄생시켰다. 리학은 몸과 마음이 중심[身心的]이며 주관적이며 간략하고 요약적이니, 도리어 경학 말류의 폐단과 서로 반대다. 그리고 주돈이周敦頤·정씨程氏 형제(정호程顥와 정이程頤)·장재張載·주희朱熹·육구연陸九淵 같은 대사大師가 연이어 번갈아 나왔고, 또 힘이 세력을 확장하기 충분하였다. 명나라 중기中期에 이르러 다시 양명陽明 왕수인王守仁 같은 이가 별도로 새로운 유파의 리학을 창도唱導하였다. 그래서 송·명 2대에는 바로 리학이 학술의 중심이 되었으니, 재능과 지혜를 가진 사람이 한갓 시문詩文과 사곡詞曲으로 장점을 드러내 보이기를 원하지 않고 리학의 기치 아래에 모인 것도 당연하다. 이것이 바로 경학이 쇠락한 연緣이다.

10. 육조六朝시대부터 오대십국五代十國시대까지의 경학

아무리 그렇다 하더라도 이처럼 장기간에 걸쳐 쇠락한 경학에도 본래 기술할 만한 점이 있다. 경학은 남북조시대에 이르러서는 정국政局의 분열을 따라 분열되고, 수당隋唐시대에 이르러서는 다시 정국의 통일을 따라 통일되었다.

남북조시대에 남북으로 대치한 경학은 동한 초기에 분쟁하던 금문파와 고문파 두 파가 아니라 바로 동한 말기에 금문과 고문을 혼합한 정현과 왕숙 두 파니, 북조北朝에서는 정현을 존숭하고 남조에서는 왕숙을 존숭하였다. 왕숙의 학문이 남조에서 성행한 것은 실로 진晉나라 왕실을 따라 양자강을 건너 남쪽으로 내려갔기 때문이다.

《북사北史》〈유림전儒林傳〉에 남조와 북조의 경학을 평론한 말에 "남조 사람의 글은 간략하지만 그 영화英華(핵심)를 얻었고, 북조 사람의 글은 난잡하지만 그 지엽枝葉을 다하였다."[90]라고 하였다. 그러나 사실은 남조 사람의 문필文筆이 북조 사람보다 뛰어나고 또 현담玄談[91]과 불교의 이론[佛理]에 젖어들었기 때문에, 남조 사람의 경經을 해설한 글이 북조 사람의 꾸밈없이 진실한 것만 못하다. 남조와 북조에서 저마다 존숭한 정현과 왕숙 두 학가로 비교해보자면 왕숙은

---

90 南人簡約, 得其英華; 北人繁蕪, 窮其枝葉. (《북사》〈유림전 상〉에는 '北人'이 '北學'으로 되어 있다. -역자)

91 현담 : 청담淸談이라고도 한다. 한위漢魏 이래 노장老莊과 《주역》에 의거하여 사물의 이름이나 이치를 분석한 담론이다.

당연히 정현보다 뛰어날 것이 없다.

위진魏晉시대 사람은 허풍떠는 기질[放誕之風]이 많지만 예학禮學과 상복제도喪服制度의 연구가 남조에서 유달리 성행하였다. 뇌차종雷次宗이 그 가운데 가장 유명한 사람인데, 이점이 모순된 현상이다.

일반적으로 논의하는 자들이 늘 '남북이 통일된 뒤에 정국은 남조가 북조에 편입되었지만 경학은 북학이 남학에 편입되었다.'고 한다. 그러나 이 논의도 확실하진 않다. 남쪽에서 기원한 의소義疏를 가지고 논하면, 의소는 참으로 당나라 때의 정의正義가 뿌리를 두고 있다. 그러나 당대唐代의 공영달孔穎達·가공언賈公彦이 소疏를 단 주석은,《시》는 정현의 전箋을, 삼례三禮는 정현의 주注를 사용하고, 겨우《주역》만 왕필王弼의 주를 사용하였으나 역시 왕숙이 연구[爲]한 것은 아니다.《상서》는《위공전僞孔傳》을 사용하였다. 이것은 왕숙에게서 나왔으나, 당시에는《위공전》이 참으로 공안국孔安國에게서 나왔다고 생각하였기 때문이다.

한위漢魏시대 사람은 경經에 주注를 붙이고, 당송唐宋시대 사람은 주注에 소疏를 붙였다. 현존하는 십삼경주소十三經注疏에서, 주注는 한나라 사람 것이 일곱, 진晉나라 사람 것이 셋, 위나라 사람 것이 하나를 차지하는데, 당나라 사람이 주

를 붙인 것은 겨우 현종玄宗의 어주御注《효경》뿐이다. 소疏
는 당나라 사람 것이 아홉, 송나라 사람 것이 넷을 차지한다.
게다가 당송시대 사람이 지은 소는 황제의 조서를 받아 지
은 것이 많다. 예를 들어, 오경정의五經正義는 또 많은 사람
의 찬소纂疏를 바탕으로 완성한 것인데, 공영달은 나이가 많
고 명망이 높기 때문에 이루어 놓은 것을 총괄하여 명성만
차지하였을 뿐이다. 그러니 당대에 관부官府에서 편수한 책
은 이미 사史와 경經을 바탕으로 한 것이다.

그러나 관부에서 편수한 사史는 개인이 지은 것에 미치지
못하고, 관부에서 편수한 소疏도 개인이 지은 것에 미치지
못하였다. 이것은 또 일의 형세상 필연적인 것이다. 명대明代
의 오경대전五經大全은 더 말할 가치도 없다. 요약하자면, 남
북조시대와 수당시대의 경학은 실로 동한의 자질구레한 폐
단을 계승하여 문장을 장황하게 늘어놓음[餖飣]이 더욱 심
하였다는 것이다.

11. 송宋나라 시대의 경학

송나라 시대의 경학은 또 다른 특색이 있다. 송나라의 학풍

은 한마디로 '객관客觀에서 주관主觀으로 나갔다'고 할 수 있다. 경학이 한번 변화를 거쳐 리학理學이 된 것은 참으로 객관을 바꿔 주관이 된 것이니, 그 경학은 사실 또한 주관으로 치우친 경향이 있다.

《춘추》를 연구한 당나라 사람으로 담조啖助·조광趙匡 같은 일파가 이미 《춘추좌씨전》, 《춘추공양전》, 《춘추곡량전》 삼전三傳을 아울러 종합하는 풍조를 열었는데, 송나라에 이르러서는 삼전을 모두 버리고 별도로 《춘추전春秋傳》을 지은 호안국胡安國이 있었다. 담조 등은 《좌전》을 의심하고 유지기劉知幾는 《혹경惑經》을 지었는데, 송나라에 이르러서는 《춘추》를 배척하여 '단란조보斷爛朝報(여러 군데 잘려나가 온전하지 못한 공보公報)'라고 한 왕안석王安石이 있었다.

주자의 《대학장구大學章句》는 경經과 전傳을 나눈 뒤에, 또 '격치전格致傳'을 보충하였으며, 《효경간오孝經刊誤》는 장章과 절節을 지나치게 나누고 경문을 삭제하였다. 왕백王柏의 《서의書疑》·《시의詩疑》는 《시》·《서》를 아울러 의심하고 의심스러운 것을 삭제하였다. 주자와 오역吳棫이 《상서》의 위고문僞古文을 의심하자, 가깝게는 명나라의 매작梅鷟이 앞장서 고문이 위서僞書임을 성토하고, 멀게는 청나라 학자 염약거閻若璩 같은 이가 본격적으로 고문이 위서僞書임을 고증하기 시작하였다. 정초鄭樵와 주자 같은 이가 《시서詩序》를 의심함에 이르러서야 《시》를 해설하는 폐단[92]을 깨끗이 쓸어버릴 수 있는 것이 더욱 많아졌다. 이것은 모두 송나라 시대 경학이 앞선 세대의 사람과 매우 다른 점이다.

주자는 리학대사理學大師인데 독서와 궁리窮理를 격물치지格物致知의 요점으로 삼았다. 그러므로 경전에 주석하는 일에 힘을 다 하였으니, 그 학풍이 양한兩漢의 경사經師와 매우 비슷하다. 《사서집주四書集注》는 의리義理를 드러낸 것이 또 한나라 학자보다 뛰어나며, 《의례경전통해儀禮經傳通解》는 장과 절을 나누고 《예기禮記》를 인용해 《의례儀禮》의 경문經文을 풀이하여 한유韓愈가 읽기 어려워 고생했다고 한 《의례》를 얼음이 녹듯 한 점의 의심도 남기지 않고 풀었다. 그러므로 주자가 송나라 시대 경학상에서 차지하는 지위는 실로 한나라 시대 경학의 정현과 동일하다.

원나라 명나라 이후 과거시험에서 관리 선발의 규범[功令]으로 정해지고 배우는 자들이 준칙[圭臬]으로 받든 것도 요행히 이루어진 것이 아니다. 아무리 그렇다 하더라도 송나라 학자가 고경古經을 대할 때 회의적인 마음을 가진 것은 참으

---

92 《시》를……폐단 : 《시경》의 시詩를 모두 역사적인 맥락에서 이해하고자 한 것을 말한다

로 공경할 만하지만, 곧바로 자기의 뜻대로 문장을 나누고 고치는 것은 또한 배우는 자가 마땅히 가져야 할 태도가 아니다. 송나라 학자가 고경에 주석할 때에 어세語勢를 이해하고 심오한 뜻을 드러내 밝힌 장점이 있지만, 자기의 의견으로 옛 사람의 견해를 억탁하고 사실을 변경한 단점도 있다.

또 송나라의 리학은 유학儒學과 불학佛學 두 학문이 결합된 산물일 뿐만 아니라, 매우 짙은 도교道敎 색채도 띠고 있다. 리학의 개조開祖 염계濂溪 주돈이周敦頤의 〈태극도太極圖〉는 바로 도사道士 진박陳搏에게 전해 받은 것이다. 소옹邵雍의 선천역수先天易數도 도교에서 나왔다. 그러므로 송나라 학자의 《역》은 도사의 《역》이 된다. 이것도 리학의 단점이다.

12. 역대歷代의 석경石經

이러한 오랜 기간 동안 여전히 한 가지 주의해야 할 점이 있다. 바로 역대로 석경을 새겼다는 점이다. 석경을 새긴 것은 왕망王莽에게서 시작되었다. 서한西漢 평제平帝 말기에 왕망이 견풍甄豐에게 명하여 고문古文으로 된 《역》,《서》,《시》,《좌전》을 비석에 모각摹刻하게 하였다. 동한東漢 영제靈帝

때, 여러 학자에게 조서詔書를 내려 《역》, 《서》, 《시》, 《의례》, 《공양전》, 《논어》 여섯 가지 경전을 검토하여 바로잡아[93] 비석에 새겨 태학의 문 밖에 세웠는데, 이를 '희평석경熹平石經'이라고 일컫는다.

위魏 폐제廢帝 조방曹芳 때, 한단순邯鄲淳이 고문전예古文篆隷로 경문經文을 써서 비석에 새겼는데, 이를 '정시석경正始石經'이라고 일컫는다. 당唐 문종文宗은 당시 또 '개성석경開成石經'을 만들어 세웠다. 오대십국시대 촉蜀의 군주 맹창孟昶은 또 '촉석경蜀石經'을 만들어 세웠고, 북송北宋 초기에 태종太宗은 또 이를 번각飜刻하였다. 남송南宋 고종高宗은 직접 글씨를 써서 새긴 석경을 임안臨安[94]의 태학에 세웠다. '청석경淸石經'은 고종高宗 건륭제乾隆帝 때에 새긴 것을 인종仁宗 가경제嘉慶帝 때에 고친 것이다. 석경을 만든 것은 본래 경문이 전사傳寫 과정에서 오류가 많이 발생하기 때문이다. 그러므로 비석에 새긴 것을 정본定本으로 삼은 것인데, 조판雕板 인쇄印刷의 발명은 실로 여기에서 시작하였다.

---

93 【원주】《후한서》〈유림전〉에는 '오경五經'이라고 하였으나, 여기서는 〈채옹전蔡邕傳〉을 따랐다.

94 【원주】바로 지금의 항주杭州다.

終南二章章六句
佩玉將將壽考不忘
有堂君子至止黻衣繡裳
其君也哉終南何有有紀
至止錦衣狐裘顏如渥丹
終南何有有條有梅君子
之故作是詩以戒勸之也
始爲諸侯受顯服大夫美
終南戒襄公也能取周地

개성석경《시경》 일부

정시석경

촉석경

희평석경

《한서》〈예문지 육예략六藝略〉에 저록된 것에는 《역》,
《서》, 《시》, 《예》, 《춘추》 오경五經 이외에 이미 《논어》, 《효
경》, 《이아》를 더하고, 춘추류春秋類 가운데 또 《공양전》,
《곡량전》, 《좌씨전》 삼전三傳을 두었으며, 예류禮類 가운데
또 금본今本 《예기》에 채록된 《기기記》와 왕망 때 '주례周禮'라
고 이름을 고친 《주관周官》을 두었는데, 《맹자》만 여전히 제
자류諸子類 가운데 나열되어 있었을 뿐이다.

촉석경에 새겨진 것은 모두 십일경十一經으로, 십삼경十三經
가운데 《효경》과 《이아》는 없지만 《맹자》가 포함되어 있다. 따
라서 《맹자》가 이때에는 이미 정식으로 경류經類의 반열에 들
어갔지만, 주자가 사서四書의 체계를 정한 때에 이르러서야 《맹
자》의 지위가 다시 확실하게 정해졌을 뿐이다. 또 남송 때에 이
르러 '십삼경주소十三經注疏'가 비로소 온전히 갖춰졌다. 손석孫
奭의 《맹자소孟子疏》는 후대 사람이 손석에게 가탁한 것[95]이라
는 혐의가 있지만 손석에게 가탁한 자도 남송 사람이다.

---

95 손석의……가탁한 것 : 《맹자소》의 찬자撰者가 손석이 아니라는
   것을 가장 먼저 주장한 사람은 주희朱熹다. 주희는 "《맹자소》는
   송대宋代 소무邵武(복건福建 팔부八府 가운데 하나)의 사인士人이
   가작假作한 것으로 계통季通 채원정蔡元定이 그 사람을 안
   다.[《孟子疏》乃邵武士人假作, 蔡季通識其人.]"라고 하였다.(《주
   자어류朱子語類》 권19 〈논어論語 1 어맹강령語孟綱領〉)

13. 청淸나라 시대 경학의 부흥

경학은 청나라 시대에 이르러 다시 흥기하였다. 경학이 청
나라 초기에 다시 흥기한 이유는, 그 인因(직접적인 원인)은
명나라 말기 양명학陽明學[王學]의 반동反動 때문이고, 그
연緣(간접적인 원인)은 만주인滿洲人이 이민족으로서 중국
에 들어와 주인이 되었기 때문이다.

양명학 말류의 폐단은 두 가지다. 첫째는 '내용이 없고 짜
임이 허술하다는 점[空疏]'이고, 둘째는 '터무니없고 도리에
어긋난다는 점[誕妄]'이다. 양명학은 선종禪宗을 그 정신으로
삼은 학문이다. 선종은 문자에 의지하지 않기 때문에[不立文
字] 양명학의 말류末流에 '어찌 꼭 글을 읽은 뒤에야 학문을
하는 것이겠는가[何必讀書, 然後爲學]'라는 관념이 있게 되고,
선종은 돈오頓悟(깊은 교리를 단박에 깨우침)를 주장하고 계
율戒律을 중시하지 않기 때문에 또 '길에 있는 사람이 모두
성인聖人이다[滿街皆是聖人]', '칼을 내려놓으면 그 자리에서
부처가 될 수 있다[放下屠刀, 立地可以成佛]'는 관념이 있게 되
었다.

왕양명은 정사政事를 처리하고 요충지를 다스릴 때 공적
이 혁혁하였으니, 개미떼처럼 추종하는 자들 가운데에는 이

미 이 사람에게 연줄을 대려는 자가 반드시 없지는 않았을
것이다.

심지어 명나라 말엽에는 양명학이 이미 학벌을 형성하고
광선狂禪[96]을 이루고 후광에 빌붙으려는 자들의 집단을 이루
었다. 명나라 말기의 유로遺老들은 이러한 실속 없는 학풍을
목도하고, 또 나라가 망하는 충격을 직접 받았다. 그러므로
양명학을 매우 싫어하고 통렬히 끊어버렸다.

고염무顧炎武가 양명학을 배격하면서 '경학은 바로 리학
[經學, 卽理學]'이라고 하고, '널리 글을 배운다'[97], '처신함에
부끄러움이 있다'[98]는 것을 학문을 논하는 주지主旨로 삼은
것은 바로 양명학에 반대하여 주자로 돌아가고자 하였기 때
문이다. 그러므로 청나라 초기에 '리학'으로 이름을 붙인 것
은 주자만을 종주로 삼은 것이 많으니, 곧 양명학의 전통을
계승한 자도 이미 주자학의 색채를 띠었다. 청나라 조정에
서 시기猜忌가 가장 심하였기 때문에 문자옥文子獄[99]이 잇달

---

96 광선 : 경전經典을 통한 올바른 앎 없이 미친 듯이 선禪 수행에만
    몰두하는 것을 말한다.

97 博學於文. 《논어》〈옹야雍也〉에 나온다. - 역자)

98 行己有恥. 《논어》〈자로子路〉에 나온다. - 역자)

99 문자옥 : 저술 가운데 문구를 트집 잡아 죄를 옭아내는 옥사獄事를

아 일어났고, 문학과 사학은 모두 화를 부르기 쉬웠지만, 경학만은 오래된 헌책더미 속에서 살길을 찾았기 때문에 세상과 다툼이 없어 숨을 돌릴 수 있었다. 그러나 청나라 초기 대유大儒들은 '통경치용通經致用(경서의 해석을 통해 실용에 이바지한다)'을 말하기 좋아했지만, 고염무 같은 자는 실로 명나라 황실의 회복을 도모하는 데에 뜻을 두었기 때문에 한나라 학자가 치용致用을 말한 것과는 다르다.

학자들이 경학으로 몰려간 것도 대체로 정치 환경이 몰아붙여서 그렇게 만든 것이다. 고염무의 실사구시實事求是 정신은 이미 청나라 시대 경학의 기초로 자리매김 하였다. 그러므로 고염무는 청나라 유학儒學의 옮길 수 없는 개조開祖가 되었다.

그리고 염약거閻若璩가 《위고문상서僞古文尚書》를 변별한 것은 청나라 유학에 회의懷疑의 단서를 열었고, 황종희黃宗羲와 호위胡渭가 송나라 유학의 역도易圖와 상수象數를 변별한 것 역시 의심스러운 것을 깨끗이 쓸어 없앤 공이 있다. 이것이 청나라 시대 경학의 제1기로서 양계초梁啓超가 말한 '옛날 송나라 시대의 학문(정주학程朱學)으로 돌아가 양명학

말한다. 흔히 통치자가 지식인을 박해하는 수단으로 사용하였다.

에서 해방된 것'[100]이다.

혜동惠棟과 대진戴震이 연이어 나와 경학의 경계가 더욱 삼엄해졌다. 혜동은 오파吳派[101]의 영수로 그의 학문은 '존문호박尊聞好博(배운 것을 높이고 박식함을 좋아한다)'하여 동한東漢의 허신許愼과 정현을 종주로 삼는다. 경학을 또 '한학漢學'이라고 일컫는 것은 실제 여기에서 기인한다.

그러나 혜동이 《주역》을 전술[述]할 때 송나라 학자의 역학易學을 보고 논할 가치가 없다고 여기고 한나라 학자의 역학을 더욱 독실하게 믿었으며, 장혜언張惠言도 우번虞翻의 《우씨역虞氏易》을 전문으로 연구하였으니, 사실 오파吳派에 속한다. 그러므로 혜동은 겨우 한나라 시대의 경학을 '전술한 사람[述者]'일 뿐이다.

대진은 경학을 위하여 경학을 연구하고 자기의 의견으로 스스로 경經의 뜻을 가리지 않으며, 또한 맹목적으로 옛 사람을 따르지 않고 오직 본증本證(직접증거)과 방증旁證(간접

---

100 송나라……해방한 것 : 양계초, 《청대학술개론淸代學術槪論》 〈2 약론청대사조略論淸代思潮〉에 나온다. 아래도 같다.

101 오파 : 강소파江蘇派라고도 하는데, 오파를 개창한 인물이 혜동이다. 왕명성王鳴盛, 전대흔錢大昕, 왕중汪中, 유대공劉台拱, 강번江藩 등이 오파에 속한다.

증거)을 찾아 귀납적歸納的 연구를 하였으니, 근대 사람이 '청나라 학자는 경을 연구할 때, 과학적 정신을 갖고 있으며 과학적 방법에 맞았다'고 한 것은 바로 이것을 가리킨다. 대진의《맹자자의소증孟子字義疏證》한 책은 바로 경학의 범위를 타파하고 '유정적唯情的 철학'을 건설하여 송나라 학자의 '유리적唯理的 철학'을 대체하고자 하였으니, 바로 '창작한 사람[作者]'이라고 일컬은 것이 또한 아첨한 말은 아니다.

대진학파[102]의 후학, 예를 들어 단옥재段玉裁·왕념손王念孫·왕인지王引之·손이양孫詒讓에서 장병린章炳麟까지 경학에 모두 훌륭한 성과가 있다. 십삼경 같은 경우, 거의 모두가 새로운 소疏를 달았는데 예전의 소疏를 훨씬 뛰어 넘어 높은 수준이며, 경학을 보조하는 문자학文字學도 더욱더 발전시켰다. 이것이 청나라 시대 경학의 제2기로서 양계초가 말한 '옛날 한나라 시대의 학문(훈고학訓詁學)으로 돌아가 송학宋學(정주학程朱學)에서 해방된 것'이다.

대진과 같은 시대 사람 장존여莊存與는 이미《공양전》을 연구한 것으로 저명하였다. 장존여의 제자 유봉록劉逢祿의《춘추공양경하씨석례春秋公羊經何氏釋例》는 멀리 동중서董仲舒와 하휴何休를 이어 그들의 끊어진 학문을 상세히 밝혀,

---

102 대진학파 : 환파皖派라고도 한다.

곧 서한의 금문학今文學이 비로소 부흥하게 되었다. 장존여
와 유봉록은 모두 상주常州(지금의 강소성江蘇省 지급시地級
市) 사람이기 때문에, '상주파常州派'라는 명칭을 얻었다. 이
들의 후학 위원魏源·요평廖平 등이 연이어 나왔고 강유위康
有爲가 그들의 성과를 집대성하였다.

　이 학파가 경을 연구할 때 중요하게 여긴 것은 '대의大義(중
요한 의의義意)'와 '미언微言(깊고 오묘한 뜻)'인데, 훈고訓詁·
명물名物의 고증을 자질구레하다고 여기지는 않았지만 혜
동·대진과 추구하는 것이 매우 달랐다. 강유위는 공자가 육
경을 지은 것을 옛것(고대古代의 문물제도)에 의탁하여 현실
의 제도를 개혁한 것[託古改制]이라 하고, 고문경古文經을 유
흠이 위조한 것이라고 하였으며, 이를 '신학新學(왕망王莽의
신新나라 학문)'이라고 배척하여 '한학漢學(한漢나라 학문)'과
구별하고 고경古經에 대해 새롭게 가치를 평가하였으니, 이
들에 비하면 이전의 경사經師는 기백이 없는 것이다. 그러나
다만 그의 주관이 너무 깅했기 내문에 당시 함부로 판단한
[武斷] 폐단이 있었다. 이것이 청나라 시대 경학의 제3기로서
양계초가 말한 '옛날 선진先秦시대의 학문(제자학諸子學)으
로 돌아가 한학에서 해방된 것'이다.

　중국 수천 년 동안의 문예文藝와 학술은 모두 청나라 시

대에 모두 종결된 듯하다. 그러므로 문학, 예술, 사학 등이 모두 이전 시대의 성과가 집대성되었고, 경학이 그 가운데 더욱 드러났다. 청나라 시대 학자는 십삼경에 대해 거의 전대 사람보다 매우 뛰어난 신소新疏를 내지 않은 이가 없다. 그리고 그 연구 범위는 또 경經에서부터 확대되어 제자서諸子書에 미쳤고, 이전에는 경학을 보조하는 것으로 여긴 문자학도 독립될 만한 학문으로 확대되었다. 문자학은 글자의 모양[形]과 뜻[義] 방면뿐만 아니라 특수한 연구 성과를 얻었고, 게다가 금석학金石學·성운학聲韻學까지 두루 미쳤다.

그러나 광서제光緒帝 말년에 하남성河南城 안양현安陽縣 은허殷墟에서 발견한 귀갑龜甲은 또 문자학이 근본적으로 개혁되는 토대가 되었다. 이것은 참으로 경학 그 자체의 문제는 아니지만 그와 밀접한 관계가 있으니, 중국 경학사에서 청나라 시대가 맨 뒤에 있다고 하여 영광스러운 일이 아니라고 말할 수 없다.

앞에서 서술한 것을 총괄하면 중국 경학은 공자를 바꿀 수 없는 시조始祖로 여긴다. 진나라 이후 양한兩漢시대는 경학의 전성기고, 육조시대에서 명나라 말기까지는 경학의 쇠락기고, 청나라 시대는 경학의 부흥기다. 그리고 경류經類의 유일한 총서 십삼경은 송나라에서 완성되고 청나라에서 확정

되었다. 이 총서는 경학 연구의 전체 대상이자 중국 고유문화의 중요한 부분이다. 중국 고대문화를 이해하고자 한다면 먼저 이 위대한 총서를 분명하게 살펴보지 않으면 안 된다.

그러나 현대에 십삼경을 읽을 때에는 그 대강을 분명히 파악해야 한다. 어느 것은 반드시 정밀하게 읽어야 하고, 어느 것은 반드시 개략적으로 읽어야 하고, 어느 것은 끝내 읽지 않아도 되는지는 이 책의 성격과 독자의 필요를 살펴 정해야지 과거시대科擧時代처럼 맹목적으로 공부할 필요는 없다. 그렇지 않으면 쓸데없이 정력과 시간을 소모할 뿐이니, 이른바 '무익할 뿐만 아니라 또 해롭다'는 것이다.

이 책의 취지는 바로 독자에게 십삼경의 내용과 성격을 분명하게 알게 하는 데에 있다. 가령 이 책을 읽지 않더라도 옷깃을 잡고 그물의 벼리를 쥐고 있는 것처럼 요점을 잡을 수 있으면 그 대강을 파악할 수 있고, 만약 나아가 이 책을 열독하면 실마리를 따라 찾아가는 효과를 거둘 수 있을 것이니, 뜻을 둔 자에게는 조금이나바 도움이 될 것이다.

십삼경개론 1

十三經概論

중국 경학략사

中國經學略史

03

금문경학과 고문경학을
서술하고 평론하다

- 금문今文과 고문古文의 분별
- 사실事實을 바탕으로 금문경과 고문경을 비평하다
- 주장主張을 바탕으로 금문경과 고문경을 비평하다
- 후대에 끼친 영향을 바탕으로 금문경과 고문경을 비평하다

1. 금문今文과 고문古文의 분별

경經에 '금문'과 '고문'의 구별이 있는데, 이 구별은 서한西漢 말기 유흠劉歆에게서 시작하였고, 금문경今文經과 고문경古 文經을 혼합한 것은 동한東漢 말기 정현鄭玄에게서 시작하 였으며, 금문경학이 부흥한 것은 청나라 시대 중엽 이후 장 존여莊存與에게서 시작하였다. 이것은 앞부분에서 이미 서 술하였다.

'금문경'은 서한 경사經師가 전수받아 익힌 본本으로, 한 예체漢隷體로 쓰여 있고 학관에 세워진 것이다. '고문경'은 서한 말기 유흠이 발견한 본으로, 한나라 이전의 고대문자 로 쓰여 있고 산의 바위틈이나 집의 벽속에서 얻어 민간에 남아 있거나 비부祕府(황실도서관)에 보관되어 있던 것이다. 금문경과 고문경의 차이는 단지 글자체가 다른 데에만 있는 것이 아니다. 경문 자구字句의 차이는 탈자脫字나 탈간脫簡 때문이며, 경문 편장篇章의 차이는 《고문상서》가 《금문상 서》에 비해 16편이 많고, 《고문예古文禮》가 《금문예》에 비 해 35편이 많은 것과 같은 것이다.

경經은 같은데 전傳이 다른 경우가 있으니, 《춘추》의 전에 《공양전》은 금문경인데 의리를 밝히는 사례[義例]에 장점이

있어 훈고訓詁의 전이 되며,《좌씨전》은 고문경인데 사실에
자세하여 기록의 전이 된다. 고문경 가운데 끝내 금문경에
없는 경우가 있으니, 유흠이 '주례周禮'라고 고쳐 부른《주
관周官》같은 것이다.

이 뿐만 아니라 앞부분에서 서술한 것처럼 육경 중《악경
樂經》만 없어진 이유에는 대체로 두 가지 설이 있다.《악樂》
은 본래 경문이 없고《시》의 경문에 부록되어 있었다는 것
은 금문경의 설이고,《악》은 원래 경문이 있는데 진나라의
분서焚書사건 때에 없어졌다는 것은 고문경의 설이다.

'경'이라는 명칭과 뜻에도 두 가지 풀이가 있다. 경은 본래
성인聖人이 지은 것이므로 만세토록 불변하는 상도常道라고
한 것은 금문경의 설이고, 경은 본래 주공周公의 구전舊典이
므로 관부官府에서 편찬한 책[官書]이라고 한 것은 고문경의
설이다.

금문경과 고문경은 경학사상經學史上 하나의 큰 문제니,
경학을 연구하는 자는 주의를 기울여야 한다. 금문경을 주
장하거나 고문경을 주장하거나 간에 문호간門戶間의 다툼
은 그 형세가 물·불처럼 상극이다. 이점을 특별히 먼저 평론
하여 서술하는 것은 독자에게 먼저 하나의 명료한 개념을 이
해시키려는 것이니, 십삼경 가운데 어느 것이 금문경이고 어

느 것이 고문경이며 어느 것이 이른바 금문경·고문경의 구
별이 없는지에 관해서는 본론 가운데 나누어 설명할 것이다.

2. 사실事實을 바탕으로 금문경과 고문경을 비평하다

첫째, 금문경과 고문경이 발생한 사실을 바탕으로 따져보면
다음과 같다.

유흠이 고문경을 제창하고 금문경을 배척하면서 '금문경
은 진나라가 분서한 뒤에 남은 것'이라고 하였기 때문에, 태
상박사太常博士를 배척하여 '잔결된 것을 끌어안고 지키려
한다[抱[103]殘守缺]'고 하였다. 그렇다면 금문경과 고문경의 발
생은 아마도 진 시황의 분서焚書 때문일 것이다. 가령 서한西
漢 이전에 시황의 분서사건이 없었다면 오경은 본래 모두 완
전히 갖춰졌을 것이니, 유흠이 왕망의 찬탈을 돕고자 한들
또 어떻게 오래된 경經을 위조하여 어지럽힐 수 있었겠는가?

그러나 《사기》〈진시황본기〉와 〈이사열전李斯列傳〉에 기록
된 분서사건의 동기를 살펴보면, 바로 박사 순우월淳于越 등
의 '옛것을 옳다고 하고 현재의 것을 옳지 않다[是古非今]'고

---

103 《한서》〈유흠전〉에는 '抱'가 '保'로 되어 있다.

한 것을 매우 싫어하고, 옛 제도를 인용하여 봉건제封建制를 폐지하고 군현제郡縣制를 시행하겠다는 획기적인 개혁을 반대한 것에 그 동기가 있다. 그러므로 '옛것으로 지금을 비난[以古非今]'하는 자는 죄가 '씨를 말리는 데[族]'에 이르고, '모여서 《시》·《서》를 말하는 자[敢偶語詩書者]'는 그 다음 형벌인 '기시棄市(시체를 길거리에 버리는 것)'에 처하였으며, 《시》·《서》와 제자백가의 저서를 개인적으로 소장하고 '명령이 내려간 지 30일 안에 책을 태우지 않은 자[令下三十日不燒]'는 겨우 '경형黥刑하고 성단형城旦刑'에 처할 뿐이었다.

여기에서 분서의 취지는 민간의 책을 다 태우는 데에 있지 않고, 감히 《시》·《서》와 제자백가의 저서를 인용하여 '옛것으로 지금을 비난'하지 못하게 한 것일 뿐이다. 그러므로 또 '만약 배우고자 하는 사람이 있으면 관리를 스승으로 삼게 하십시오[若欲有學, 以吏爲師]'라고 말한 것이다. 이것은 '학문'을 금지한 것이 아니라 '사학私學'을 금지한 것으로, 공자孔子 이전 벼슬하는 관원[王官]에게 배우는 옛 제도[104]를 회

---

104 공자 이전……옛 제도 : 범문란范文瀾은 '서주西周시대에는 학문이 왕조의 관리[王官]에게 있었는데, 평왕平王이 동천東遷한 뒤로 관학官學이 사방으로 흩어졌다.'고 하였다.(《제자략의諸子略議》)

복하여 사상과 언론을 통제하기에 편리하도록 하고자 한 것이다. 그러므로 역사의 경우 진秦나라 기록은 분서 대상에 있지 않고, 《시》·《서》의 경우 박사관博士官이 관할하는 것은 분서 대상에 있지 않았다.

정부의 명령[政令]으로 민간의 서적을 불태워 금지하는 것은 왕왕 기대치만큼 완전할 수 없다. 만일 금지한 책이 본래 상당한 가치가 있을 경우, 반대로 금지 당하였기 때문에 다시 수장하는 사람이 있기도 하니, 동서고금을 막론하고 아마도 모두 그렇지 않음이 없을 것이다. 하물며 책을 불태우라는 명령이 진 시황 34년(B.C. 214)에 내려지고 시황이 38년에 죽었으며, 2세 황제 원년(B.C. 209)에 산동山東 지역의 병사들이 이미 반란을 일으켰으니, 분서한 해와의 거리는 겨우 5년뿐이다. 비록 한漢 혜제惠帝 4년(B.C. 191)에 비로소 협서율 폐지를 명문화하여 공포하였으나, 사실상 책의 개인 소장을 금지하는 진나라의 명령이 이미 천하에 시행되지 않았을 것이다.

항우項羽가 함양咸陽을 온통 불태웠는데, 박사관이 관할한 것과 비부祕府에 수장한 것은 참으로 이 대재앙에서 벗어나지 못하였다. 그러나 숙손통叔孫通·복승伏勝 같은 사람은 모두 옛 진나라의 박사인데 한나라 초기에도 생존하였으

니, 어찌 저들이 보존한 유경遺經(대대로 내려오는 경전)이 없
겠으며, 함양 이외에 어찌 민간에서 보존한 유경이 없겠는
가? 또 《역》은 점치는 책이라 하여 불태우지 않았고, 《시》는
외워서 읊고 죽백竹帛에 쓰지 않았기 때문에 온전할 수 있었
는데, 어째서 《악경樂經》만은 망실되었는가? 제자백가의 저
술은 똑같이 분서의 대상이었는데, 어째서 서한西漢 이후로
고문본古文本이 발견되지 않는가? 고문경, 예를 들어 《서》,
《예》, 《논어》 같은 책 중에서 금문본에 비해 많은 편장篇章
은 어째서 오래지 않아 또 모두 망실되어 겨우 담화일현曇花
一現(잠깐 나타났다 금방 사라지다)처럼 시들어 없어졌는가?
그러므로 사리事理로 살펴보면 여러 경전이 진나라의 분서
사건 때문에 잔결됐다고 하는 것은 아마도 사실이 아닌 듯
하다.

3. 주장主張을 바탕으로 금문경과 고문경을 비평하다

두 번째, 금문파와 고문파의 중요한 주장을 바탕으로 따져
보면 다음과 같다.

금문가今文家는 '육경은 바로 공자孔子가 지어 만세에 가

르침을 내려준 것'이라고 한다. 그러므로 경經의 수준 고하
를 배열순서로 삼는다. 《시》·《서》는 글자의 교육을 목적으
로 하기 때문에 가장 앞에 배열하며, 《예》·《악》은 행위의 연
마와 심정心情의 도야를 목적으로 하기 때문에 그 다음에
배열하며, 《역》은 철리哲理를 이야기하고 《춘추》는 미언微言
과 대의大義를 갖추고 있기 때문에 가장 나중에 배열한다.
《장자莊子》, 《순자荀子》, 《춘추번로春秋繁露》, 《사기史記》 등
이 모두 이와 같다.

　고문가古文家는 '육경은 주공周公의 구전舊典으로서 본래
사료史料를 갖추고 있으니, 공자가 서술하기만 하고 창작하
지 않으며 옛것을 믿고 좋아한 것은 오랜 역사가 보존되어
있기 때문'이라고 한다. 그러므로 육경을 배열할 때 시대의
선후를 순서로 삼는다. 《역》의 팔괘八卦는 복희伏羲가 지었
기 때문에 첫머리에 배열하며, 《상서》는 〈요전堯典〉을 갖추
고 있기 때문에 그 다음에 배열하며, 《시》는 상송商頌을 갖
추고 있기 때문에 또 그 다음에 배열하며, 《예》·《악》은 주
공이 제작한 것이기 때문에 또 그 다음에 배열하며, 공자가
주공의 구례舊例(오래도록 내려오는 관례慣例)에 근거하여
《춘추》를 편수編修하였기 때문에 가장 나중에 배열한다.
《한서》〈예문지藝文志〉·〈유림전儒林傳〉이 모두 이와 같다.

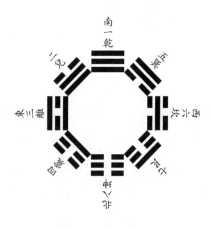

복희 팔괘도

　금문가는 또 '공자가 육경을 지은 것은 취지가 「탁고개제
託古改制(고대의 문물제도에 의탁하여 현실의 제도를 개혁한
것)」에 있으니, 노자·장자가 황제黃帝에게, 묵자墨子가 하우
夏禹에게, 허행許行이 신농神農에게 의탁한 것과 마찬가지로
당시의 정치와 사회의 제도를 개혁하여 세상의 변화를 구제
하기 바란 것이며, 고대古代에 의탁한 이유는 참으로《회남
자淮南子》〈수무훈修務訓〉의 「세속 사람은 옛것을 귀하게 여
기고 지금의 것을 하찮게 여기는 이가 많다. 그러므로 도道
를 실천하는 자는 반드시 황제·신농에게 의탁한 뒤에야 자

신의 주장을 사람들에게 이해시킬 수 있다.」[105]는 것'과 같다. 그러므로 《상서》에서 기록한 요堯·순舜이 선양禪讓한 일은 반드시 사실이 아닐 것이지만, '천하가 공공公共을 위하여 현명하고 능력 있는 자를 선발한다[天下爲公, 選賢與能]'[106]는 최고의 정치이상에 의탁한 것일 뿐이다.[107]

고문가는 '육경에 기록된 고대의 모습은 모두 사실에 관계되니, 공자는 다만 정리하고 보존하였을 뿐이다. 공자가 「나는 그래도 사관史官이 글을 빼놓고 기록하지 않은 것을 보았는데 …… 지금은 이런 것마저 없구나!」[108]라고 탄식한 적이 있으니, 「서술하기만 하고 창작하지 않으며 옛것을 믿고 좋아한」 공자가 역사를 편수할 때 글을 빼놓고 기록하지 않은 것이 있었을 것이고, 또한 반드시 의심스러운 것을 빼놓거나 의심스러운 것은 의심스러운대로 전하였을 것이니, 어찌 「모르면서 창작하였겠는가?」 공자가 육경을 전한 것은 또한 육

---

105 世俗之人, 多尊古而賤今, 故爲道者必託之於神農·黃帝而後能入說.

106 《예기》〈예운禮運〉에 나온다.

107 【원주】강유위康有爲의 《공자개제고孔子改制考》는 바로 이 말을 더욱더 진전시킨 것이다.

108 吾猶及史之闕文也 …… 今亡矣夫. (《논어》〈위령공衛靈公〉에 나온다. - 역자)

경이 모두 믿을만한 사실史實이기 때문이다.'라고 한다.

지금 보면《상서》는 말을 기록한 역사고,《춘추》는 사건을 기록한 역사며,《주례》는 관제를 기록하고,《의례》는 예의禮儀를 기록하고,《악경樂經》은 비록 망실되었지만 당연히 음악의 제도를 기록하였으니, 이것은 모두 전장제도사典章制度史.《시》의 경우,〈현조玄鳥〉·〈생민生民〉은 상나라와 주나라의 초기 역사를 읊은 것이고, 대아大雅·소아小雅는 주나라 정사政事의 성쇠를 드러내니, 이것은 서양 호메로스Homeros의 서사시敍事詩[109] 같은 부류다.《역》은 비록 점치는 책이지만〈계사전繫辭傳〉가운데에는 고대 발명사發明史가 있고 64괘 가운데에는 고대 사회사社會史가 있다.[110] 그러므로 "육경은 모두 역사다."라고 한 것이다.[111]

---

109 호메로스의 서사시 :《일리아스Ilias》,《오딧세이아Odysseia》를 말한다.

110 【원주】〈계사전〉의 "옛날 포희包犧씨가 천하를 다스릴 때 ……"한 마디는 고대 사물을 발명한 사실史實을 자세히 기록하였다. 예를 들어 둔괘屯卦의 "도적질하려는 것이 아니면 혼인을 맺으려는 것이다[匪寇乃婚媾]"는 여인을 강제로 빼앗아 혼인하는 것이고, 또 "돈이 많은 사내를 보고 안달 나서 어쩔 줄 몰라 하며 몸을 두지 못한다[見金夫, 不有躬]"는 여인을 매매하여 혼인하는 것이다.

111 【원주】육경이 모두 역사라는 주장은 명나라 이지李贄의《분서

그러므로 금문가는 공자만을 높여 공자를 교육가로 여길 뿐만 아니라 또 공자를 철학가·정치가로 여기고, 심지어 교주教主처럼 본다. 고문가는 주공을 숭봉하여 선대의 성인聖人[先聖]으로 여기지만 공자는 선대의 스승[先師]으로 여기고 사학가史學家로 여긴다. 금문가의 설과 같다면 공자는 '창작한 사람[作者]'이 되고, 고문가의 설과 같다면 공자는 겨우 하나의 '서술한 사람[述者]'이 될 뿐이다.

앞에서 서술한 것에 근거하면 금문파·고문파 두 파는 육경과 공자에 관한 인상이 같지 않고, 그 주장도 따라서 다르게 된다. 육경과 공자에 대해 이른바 '인자仁者가 볼 때에는 인仁이고 지자智者가 볼때에는 지智다[仁者見仁, 知者見知]'[112]라는 것이고, 또 저마다 견지하는 이유가 있고 말이 조리가 있어 그 사이에 우열을 가릴 수 없을 듯하다. 그러나 다만 금문가의 설을 따르면 공자와 육경은 모두 생기가 있고, 고문가의 설을 따르면 육경은 모두 죽은 책이 된다. 만일 '육경은

焚書》가운데 이미 들어 있고, 청나라 장학성章學誠의 《문사통의文史通義》가운데에도 들어 있는데, 장병린章炳麟이 거듭 서술한 것이 더욱 자세하다.

112 인자가……지다 : 《주역》〈계사전繫辭傳 상上〉 "仁者見之謂之仁 知者見之謂之知"를 축약하여 쓴 듯하다.

文史通義卷第一

會稽 章學誠 實齋著

內篇一

易教上

六經皆史也古人不著書古人未嘗離事而言理六經
皆先王之政典也或曰詩書禮樂春秋則旣聞命矣易
以道陰陽願聞所以爲政典而與史同科之義焉曰聞
諸夫子之言矣夫易開物成務冒天下之道知來藏往
吉凶與民同患其道蓋包政教典章之所不及矣象天

장학성의 《문사통의》

모두 역사다'라고 말하면 육경의 상세하고 확실한 사실은 거의 후세의 가장 보잘 것 없는 역사서에도 미치지 못할 것이다. 금문설을 따르면 공자는 열심히 세상을 구제하고 사상이 앞서나간 학자가 되고, 고문설을 따르면 공자는 바로 옛것을 독실하게 믿고 오래된 것을 지키는 고리타분한 학자로 사학상史學上 성과에도 지극히 비웃음을 살만한 이가 된다.

공자가 육경을 서술할 때에 저마다 새로운 생명을 부여한 것은 앞 절에서 이미 말하였다.《악》은 비록 경문이 없어 공자가 정리한 성과를 살펴볼 길이 없으나,《논어》에 기록된 '〈소韶〉 음악을 듣고 석 달 동안 고기맛을 몰랐다'[113]는 것과 태사太師 지擊와 한 말[114]을 보면 음악의 이론을 깊이 터득하였고,《사기》〈공자세가〉에 기록된 '사양자師襄子에게 금琴을 배울 때 전심전력專心專力한 것'[115]을 보면 공자가 음악

---

113 聞韶, 三月不知肉味.《논어》〈술이述而〉에 나온다. - 역자)

114 태사‥ ‥한 말 :《논어》〈팔일八佾〉에 나온다. "공자가 노나라의 태사에게 음악에 대해 말하였다. '음악은 아마 알 수 있을 듯하다. 음악을 시작할 때에는 오음五音을 한꺼번에 웅장하게 울리고 나서, 연주해 나갈 때에는 오음을 조화롭게 하고 가락을 분명하게 하여, 음악 한 곡을 마친다.'[子語魯大師樂曰 '樂其可知也. 始作翕如也, 從之純如也, 皦如也, 繹如也, 以成.']"

115 사양자에게……전심전력한 것 :《사기》〈공자세가〉의 다음 내

을 바로잡은 공을 어렵지 않게 추측할 수 있다. 그러므로 공자가 육경을 '서술[述]'하였지만 '창작[作]'보다 나은 듯하다. 육경의 가치가 여기에 있고 공자의 위대함도 여기에 있으니,

---

용을 말한다. "공자가 금琴을 연주하는 법을 사양자에게 배울 때, 10일 동안 다른 음악을 연주하지 않았다. 사양자가 '다른 음악을 연주해도 될 듯합니다.'라고 하자, 공자가 말하였다. '제가 그 곡조는 익혔지만 그 기술을 터득하지 못하였습니다.' 얼마 뒤, 사양자가 '그 기술을 익혔으니 다른 음악을 연주해도 될 듯합니다.'라고 하자, 공자가 말하였다. '제가 그 뜻을 터득하지 못하였습니다.' 얼마 뒤, 사양자가 '그 뜻을 익혔으니 다른 음악을 연주해도 될 듯합니다.'라고 하자, 공자가 말하였다. '제가 그 음악을 지은 사람의 됨됨이를 터득하지 못하였습니다.' 얼마 뒤, 공자는 그 음악에 그윽하게 깊이 생각하고 편안하게 높은 곳에서 바라보며 원대한 뜻이 있음을 알았다. 공자가 말하였다. '제가 그 음악을 만든 사람의 됨됨이를 터득하였습니다. 검은 피부에 큰 키, 천하를 다스리는 왕처럼 먼 곳을 바라보는 눈을 가졌으니, 문왕이 아니면 그 누가 이런 음악을 지을 수 있겠습니까!' 사양자가 자리를 피하며 두 번 절을 하고서 '제 스승께서 〈문왕조〉라고 하셨습니다.'라고 하였다.[孔子學鼓琴師襄子, 十日不進. 師襄子曰: '可以益矣.' 孔子曰: '丘已習其曲矣, 未得其數也.' 有閒, 曰: '已習其數, 可以益矣.' 孔子曰: '丘未得其志也.' 有閒, 曰: '已習其志, 可以益矣.' 孔子曰: '丘未得其爲人也.' 有閒, (曰) 有所穆然深思焉, 有所怡然高望而遠志焉. 曰: '丘得其爲人, 黯然而黑, 幾然而長, 眼如望羊, 如王四國, 非文王其誰能爲此也!' 師襄子辟席再拜, 曰: '師蓋云<文王操>也.']"

고문가의 주장은 또한 금문가에 못 미칠 듯하다.

4. 후대에 끼친 영향을 바탕으로 금문경과 고문경을 비평하다

세 번째, 금문설과 고문설이 학술사상에 끼친 영향을 바탕으로 말해보면 다음과 같다.

중국의 학술사상이 금문경학과 고문경학의 영향을 직접 받은 것은 아래에서 서술하는 세 가지 방면이 가장 분명하다.

1) 사학史學 연구에 끼친 영향

첫 번째, 사학 연구에 끼친 영향은 다음과 같다.

중국에서 사학을 연구하는 경우, 그 기본관념에 상반된 두 가지 분파가 있다. 하나는 '퇴화적退化的 역사관'이다. 이 분파는 다음과 같은 생각을 갖고 있다. 요순堯舜시대를 중국 역사상 황금기라고 여기며, 그 시대는 임금은 현명하고 신하는 어질어 가장 태평한 때기 때문에 절대 후세가 꿈꿀 수 있는 때가 아니며, 문화도 매우 지극히 찬란하였다. 이 뒤로 하夏·은殷·주周나라 삼대三代는 제帝가 낮아져 왕王이,

춘추시대는 왕이 낮아져 패覇가, 전국시대는 패가 낮아져 웅雄이 되었고, 진秦나라 이후 한漢·당唐·송宋·명明·청淸나라는 저마다 짧은 기간 동안 훌륭한 정치가 있긴 하였으나, 끝내 삼대 이전의 가장 태평한 시대를 회복하지 못하였다.

다른 하나는 '진화적進化的 역사관'이다. 이 분파는 앞의 퇴화적 역사관을 지닌 분파와 정반대로, 다음과 같은 생각을 갖고 있다. 선진先秦시대는 제자백가가 저마다 자신의 학술을 표명하였기 때문에 중국 학술사상의 전성기다. 이보다 이전에는 비록 요순시대와 삼대의 융성기가 있으나 고대의 역사는 아득히 멀어 다 믿을 수 없고 문화의 발달은 완전하지 않았으며, 이보다 이후에는 통일이 완성되어 군권君權이 높이 신장되어 학술사상이 전제군주專制君主의 속박을 받아 마침내 정체되어 점차 쇠락하였다.

전제군주제를 개혁한 뒤에야 학술사상의 부흥을 기대할 수 있으며 학술사상을 확대 발전시킴은 오늘날 사람에게 책임이 있으니, 후생後生이 지금보다 나을 것이라 하여 스스로 과소평가해서는 안 된다. 전자는 노인이 과거를 그리워하는 것처럼 항상 사람에게 소극적이고 비관적인 영향을 주며, 후자는 청년이 미래를 희망적으로 바라보는 것처럼 항상 사람에게 적극적이고 진취적인 용기를 준다. 고문가를 통해 육경을 진실한 역사라고 인식하면 끼치는 영향은 바로 이 퇴화적 역사관을 낳는다는 것이다. 금문가를 통해 육경을 공자가 옛것(고대의 문물제도)에 의탁하여 현실의 제도를 개혁[託古改制]한 창작물[作]로 여기고 육경에서 말한 요순시대와 삼대의 다스림은 다만 공자가 지나간 일에 의탁하여 자신이 동경 憧憬한 제도개혁 후의 이상적 현실적 유토피아Utopia라고 인식하면 끼치는 영향은 바로 이 진화적 역사관을 낳는다는 것이다.

　유지기劉知幾는《사통史通》〈의고편疑古篇〉에서 상고시대의 역사사건에 대해 회의적인 논의가 많다. 주자朱子·오역吳棫·매작梅鷟 이후 계속해서 염약거閻若璩·정안丁晏 같은 여러 학자가 지금 현존하는《상서》는 위고문僞古文임을 밝혀내었다. 고적에 회의적인 시각을 보인 것은 이들이 효시인데, 요제항姚際恒이 지은《고금위서고古今僞書考》는 고서古書 가운데 많은 종류의 의심스러운 짐을 제시하고 자세히 고증하였다.

　고적古籍에 대한 회의적인 시각은 예전부터 있었다. 강유위康有爲의《신학위경고新學僞經考》가 출판되자 '서한西漢 말의 고문古文은 또한 유흠에서 위조되었다'고 하고, 또 '금문 오경은 또한 공자가 옛것에 의탁하여 현실의 제도를 개혁[託古改制]한 창작물[作]이다'라고 하였다. 그래서 오경은 진실한 역사가 아니니 고대의 역사[古史]는 모두 의심할 만 하다. 여기에서 근대 사람인 고힐강顧頡剛 등의 고사회의파 古史懷疑派[116]가 유래하였다. 그래서 고대의 연구는 하나의 새로운 국면을 개척하였고, 금문경학의 영향은 실로 그것을 재촉하였다. 이것이 경학의 영향이 사학 연구에 미친 것이다.

2) 제자백가 연구에 끼친 영향

두 번째, 제자백가학 연구에 끼친 영향은 다음과 같다.

서한西漢 이후 유학儒學이 학문의 표준이 되자, 제자백가의 학술은 점차 쇠락하였다. 비록 노장老莊의 현학적玄學的 담론[玄言]이 위진魏晉시대에 부활하고 《묵자변경墨子辯經》[117]에 노승魯勝이 주석을 더하였으나 역대로 제자백가를 연구한 학자들은 끝내 매우 적었다.

청淸나라 학자는 경經을 연구하는 것 외에 두루 제자백가

---

116 고사회의파 : 고사변파古史辨派, 의고파疑古派라고도 한다.

117 묵자변경 : 《묵자》 가운데 논리학과 관련된 〈경經 상上〉, 〈경經 하下〉, 〈경설經說 상上〉, 〈경설經說 하下〉, 〈대취大取〉, 〈소취小取〉 6편을 말한다.

까지 연구하였다. 예를 들어 손이양孫詒讓의 《묵자간고墨子間詁》, 곽경번郭慶藩의 《장자집석莊子集釋》, 왕선겸王先謙의 《장자집해莊子集解》·《순자집해荀子集解》 등은 거의 여러 경經에 주소注疏를 단 것과 같으며, 유월俞樾도 《군경평의群經平議》 외에 또 《제자평의諸子平議》를 지었으니, 제자백가학 연구도 청나라 시대 중엽 이후에 이르러 부흥한 것이다. 금문경학이 성행한 뒤로 '제자백가는 모두 옛것에 의탁하여 현실의 제도를 개혁[託古改制]하였고, 공자도 옛것에 의탁하여 현실의 제도를 개혁하였으며, 공자가 육경을 찬수纂修한 것에 대해 「서술[述]」을 「창작[作]」이라 하여 제자백가의 선구'라고 하였다. 이는 강유위 무리가 원래 공자를 받들어 교주教主로 삼고자 한 것이지만 공자의 지위가 이 때문에 제자백가와 동등하게 되었다.

냉정하게 논해보면, 공자는 다만 개인이 저술하는 풍조를 만든 선구자다. 제자백가는 '도술道術'에서 '방술方術'로 분열하였으니, 그 기상이 또한 공자의 위대함만 못하다. 그러나 공자가 10가家[118]의 선구라면 공자의 경經은 연구하고 읽

---

118 10가 : 선진先秦시대 10개의 학파學派로, 유가儒家·도가道家·음양가陰陽家·법가法家·명가名家·묵가墨家·종횡가縱橫家·잡가雜家·농가農家·소설가小說家다.

어볼 필요가 있고, 제자백가의 책도 저마다 연구할 가치가 있을 것이다. 근래 제자백가를 연구하는 풍조가 특히 성행하여 저술의 풍부함이 거의 육경을 뛰어넘은 것은 그 단서가 실제 여기에서 시작하였다. 그렇다면 금문경학이 고대 학술연구에 미친 영향이 또한 작지 않을 것이다.

3) 문자학文字學 연구에 끼친 영향

세 번째, 문자학 연구에 끼친 영향은 다음과 같다.

문자학은 경학의 보조영역에서 확대되어 독립영역이 되었는데, 청나라 시대 정통파正統派 학자의 공이 아니라고 할 수 없다. 고염무顧炎武 이후 장병린章炳麟·황간黃侃까지 문자의 모양[形]·발음[音]·뜻[義]에 모두 특별한 연구 성과가 있지만 문자학으로 저명한 청나라 시대 학자는 모두 금문가今文家가 아니다. 그러나 문자의 모양과 뜻을 연구하는 대상은 거의 《이아爾雅》와 《설문해자說文解字》에 완전히 집중되어 있다. 《이아》는 소진함邵晉涵의 《이아정의爾雅正義》, 학의행郝懿行의 《이아의소爾雅義疏》가 있고, 미루어 넓히면 왕념손王念孫의 《광아소증廣雅疏證》이 있다. 《설문해자》는 단옥재段玉裁의 《설문해자주說文解字注》 외에 저명한 것으로는 왕균王筠의 《설문구두說文句讀》·《설문석례說文釋例》, 계복

桂馥의 《설문의증說文義證》, 주준성朱駿聲의 《설문통훈정성
說文通訓定聲》이 있다. 두루 어사語詞와 문구文句의 문법 연
구까지 한 것으로는 왕인지王引之의 《경전석사經傳釋詞》, 유
문기劉文淇의 《조자변략助字辨略》, 유월兪樾의 《고서의의거
례古書疑義擧例》가 있다.

　그러나 《이아》와 《설문해자》 두 책은 청나라 시대에 문자
를 연구한 사람이 금과옥조처럼 받들지 않은 사람이 거의
없지만, 이 두 책은 본래 모두 고문설古文說이다. 그러므로
금문金文[119] 연구는 비록 일찍 송나라 시대에 시작하여 청나
라 시대에 와서 더욱 활발해져 고대문자를 연구하는 자의
재료가 되었다. 그러나 고문설古文說을 독실하게 믿었기 때
문에 모든 종정문자鐘鼎文字(금문金文) 가운데 《설문해자》에
부합하지 않는 것은 또한 모두 물리치고 받아들이지 않았
다. 청淸 덕종德宗 광서제光緖帝 때 남양南陽에서 갑골문자甲
骨文字를 발견함에 이르러 《설문해자》의 오류를 바로잡을 수
있는 것이 적지 않았으니, 장병린 같은 여러 사람은 곧바로
종정문자를 위조된 청동기[贋鼎]라고 배척하여 한번 돌아볼
가치도 없다고 하였다. 이것은 다름이 아니라 《설문해자》에

---

119 금문 : 상주商周와 진한秦漢시대 청동기에 주조하거나 새긴 문
　　자를 말한다.

종정문자

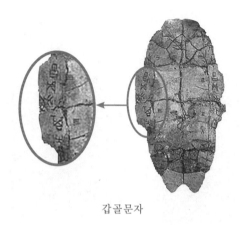

갑골문자

과두문자

부합하지 않았기 때문이다.

그러나 금문학의 입장에서 보면 허신許愼의 《설문해자》
말을 다 믿을 수는 없다. 예를 들어, '고문古文(과두문자蝌蚪
文字)이 주문籒文으로 변하고 주문이 소전小篆으로 변하였
다'고 한 것은 주문의 필획이 왕왕 고문보다 많아 '문자는
복잡한 것에서 간략화 한다는 원칙'에 부합하지 않고, 예서
隸書를 도예徒隸(신분이 낮은 관리)를 위해 만들어준 문자라
고 한 것은 또한 고문을 높이는 자가 금문을 경멸한 거짓말
이 되며, 창힐蒼頡이 글자를 만들고 사주史籒가 대전大篆을
만들고 정막程邈이 예서를 만들어 고대에 각 서체의 문자가
모두 한 사람에게서 만들어져 전국에 반포 시행한 듯하다고
한 것도 사실이 아니며, '육서六書'라는 하나의 명칭이 《주
례》를 제외하면 다른 책에는 보이지 않으니, 육서법六書法의
조리가 아무리 완벽하더라도 후세 사람이 고대 문자를 귀납
歸納하여 문자를 만드는 법의 대강大綱을 터득한 것에 불과
하지 옛사람이 문자를 만들 때에 결코 육서법이 있지는 않
았을 것이다. 대체로 이러한 여러 가지는 비교적 진보된 견
해가 아니라고 할 수 없다.

대체로 금문학이 부흥한 이후로 《이아》와 《설문해자》는
문자학의 최고 권위를 회복하여 충분히 연구자의 생각을

속박하지 못하였다. 그래서 문자학 연구는 한번 확대되어 종정鐘鼎·이기彝器 같은 유물[考古]에 미치고 거듭 확대되어 갑골문자 같은 유물에 미쳤다. 연구범위의 확대와 연구의 자유는 계속해서 더욱 많아져 마침내 문자학 분야에 찬란한 빛을 더하였다. 이것 역시 금문학설의 영향이다.

요컨대, 금문학이 학술연구에 끼친 영향은 예부터 있던 속박을 해방시켜 하나의 새로운 경지를 개척하여 하나의 새 생명을 얻게 하였다.

그러므로 분서焚書 사건으로 말하거나 육경에 관한 공자의 주장으로 말하더라도 고문설이 금문설만 못하다는 말이 믿을 만하며, 학술연구에 끼친 영향으로 말하더라도 고문설이 금문설만 못하다는 말이 진실로 좋다. 비록 금문설이라도 유폐流弊는 있으니, 예를 들어 위서緯書의 황당무계한 말을 인용한 것은 미신에 관계되며, 공자의 주장을 억측한 것은 주관적인 판단[武斷]에 가깝다. 그러나 단점을 버리고 장점을 취한다면 끝내 옥의 티가 옥빛을 가릴 수 없음을 깨우칠 것이다. 경經을 연구하는 자는 또한 무엇을 선택해야 할지 알아야 할 것이다.

[부록]

금고문학파 대조표[*]

금문학今文學
공자孔子를 숭봉함
공자를 천명天命을 받은 소왕素王으로 높임
공자를 정치가 · 철학가 · 교육가로 봄
공자를 탁고개제托古改制한 이로 여김
육경六經을 공자의 창작으로 여김
육경六經의 내용과 수준의 깊이를 기준으로 《시詩》·《서書》·《예禮》·《악樂》·《역易》·《춘추春秋》의 순서로 육경을 배열함
《춘추春秋》·《공양전公羊傳》을 주요한 경전으로 여김
경학파經學派가 됨
경經의 전수傳授를 대체로 살펴볼 만함
서한西漢 때에 모두 학관學官에 세워짐
서한西漢 때에 성행함

---

* 이 표는 오응남吳雁南 주편主編,《청대경학사통론淸代經學史通論》p. 6에서 인용한 범수강范壽康,《중국철학사통론中國哲學史通論》p. 139~140의 표를 재인용한 것이다.

고문학古文學
주공周公을 숭봉함
공자를 선사先師로 높임
공자를 사학가史學家로 봄
공자를 신이호고信而好古, 술이부작述而不作한 이로 여김
육경六經을 고대古代의 사료史料로 여김
육경六經의 발생 시대의 조만早晩을 기준으로《역易》·《서書》·《시詩》·《예禮》·《악樂》·《춘추春秋》의 순서로 육경을 배열함
《주례周禮》를 주요한 경전으로 여김
사학파史學派가 됨
경經의 전수傳授를 그다지 살펴볼 만하지 않음
서한西漢 때에 대체로 민간民間에서 유행함
동한東漢 때에 조금씩 성행하여 동한 말기에 크게 성행함

옮긴이의 말

경經은 학문의 출발점이며, 학문의 역사는 경 해석의 역사라고 할 수 있을 만큼 높은 지위를 차지하고 있다. 비록 청대淸代 장학성章學誠이 '육경六經은 모두 역사'라고 하여 경을 사史의 지위로 끌어 내리고 의고사조疑古思潮가 유행하면서 경의 지위가 잠시 흔들리는 듯 보이기도 하였다. 그러나 경은 아직도 확고하게 그 자리를 지키고 있다.

경經은 본래 서적書籍의 일반 명칭이다. 후대에 경을 높여 특별히 하나의 부류部類로 만든 것이다. 유가사상儒家思想이 중국문화, 더 나아가 동아시아문화의 주류主流를 이루었기 때문에, 일반적으로 '경'이라고 하면 유가사상의 기본 전적典籍을 가리킨다. 따라서 경을 읽지 않으면 유가사상을 이해할 수 없고, 유가사상을 이해하지 못하면 중국문화와 동아시아문화를 이해할 수 없다.

본래 경經은 《시詩》, 《서書》, 《예禮》, 《악樂》, 《역易》, 《춘추春秋》 육경六經을 가리키는 말이었다. 그러나 진秦 시황始皇의 분서갱유焚書坑儒를 거치며 《악樂》이 없어졌기 때문에, 이후 경은 오경五經만을 가리키게 되었다. 당唐나라 때 오경이 '오경정의五經正義'라는 총서叢書로 묶인 이후, 점차 확대되어 남송대南宋代 마지막으로 《맹자孟子》가 경의 지위를 획득하여 추가됨으로써 《주역周易》, 《상서尚書》, 《모시毛詩》, 《주례周禮》, 《의례儀禮》, 《예기禮記》, 《춘추좌씨전春秋左氏傳》, 《춘추공양전春秋公羊傳》, 《춘추곡량전春秋穀梁傳》, 《논어論語》, 《효경孝經》, 《이아爾雅》, 《맹자孟子》 '십삼경十三經'이 확정되었다.

이 책은 장백잠蔣伯潛(1892~1956)의 《십삼경개론十三經概論》을 번역한 것이다. 장백잠[1]은 본명이 기룡起龍 또는 윤경尹耕이고, 백잠伯潛은 자字다. 중국의 절강성浙江省 부양현富陽縣(지금의 대원진大源鎭) 사람으로, 어려서부터 부친에게 사서四書 등을 배웠다. 항주부학杭州府學을 졸업한 뒤,

---

1 이하 장백잠의 이력은 장백잠의 아들 장조이蔣祖怡, 〈선엄장백잠전략先嚴蔣伯潛傳略〉에 근거하였다.

1911년 고향 부양현 자량촌紫閬村의 자량소학紫閬小學과 신소촌新笑村의 미신소학美新小學에서 4년동안 교편을 잡았다. 1915년 북경고등사범학교北京高等師範學校 국문계國文系에 입학하여 전현동錢玄同, 호적胡適, 노신魯迅 등 명사들에게 훈도熏陶를 받았다. 졸업 후 절강성 제2중학교 국문교원, 항주 제1사범학교·항주여자중학교·항주사범학교 등에서 교원으로 근무하였고, 1937년에는 상해上海 대복대학大復大學 교수가 되었다. 1945년 상해시립사범전과학교上海市立師範專科學校 중문계中文系 주임 겸 교수, 1947년 항주사범학교 교장에 취임하였다. 폐기종과 심혈관계 합병증으로 1955년부터 절강성 문사관文史館 관외연구원館外研究員으로 근무하다가 이듬해 심장병으로 서거하였다.

　장백잠은 《십삼경개론》을 비롯하여 《경여경학經與經學》, 《경학찬요經學纂要》, 《제자학찬요諸子學纂要》, 《제자통고諸子通考》, 《교수목록학校讐目錄學》 등 훌륭한 저술을 남겼다. 특히 《십삼경개론》은 현대 시각으로 연구하고, 금문경학今文經學이나 고문경학古文經學에 치우치지 않고 공평한 시각으로 논하였다는 평을 받는다.

　《십삼경개론》은 다음과 같이 3편의 서론緖論과 8편의 개론槪論으로 구성되어 있다.

- 서론1 경과 십삼경經與十三經
- 서론2 경학략사經學略史
- 서론3 금문경학과 고문경학을 서술하고 평론하다今古
  文經學述評
- 제1편 주역개론周易槪論
- 제2편 상서개론尙書槪論
- 제3편 모시개론毛詩槪論
- 제4편 주례개론周禮槪論
- 제5편 의례·예기개론, 효경·이아를 덧붙임儀禮禮記槪
  論 附孝經爾雅
- 제6편 춘추경전개론春秋經傳槪論
- 제7편 논어개론論語槪論
- 제8편 맹자개론孟子槪論

십삼경十三經에 관한 개설서는 중국과 일본에서 여러 종의 단행본이 출판되어 있으나, 역자가 살펴본 결과 장백잠의 《십삼경개론》이 경經을 이해하는 데 필요한 배경지식은 물론 간략하면서도 체계적이고 조리가 분명하여 이해하기

쉽게 서술되어 있었다. 그래서 이 책을 읽으며 누군가 번역서를 내주면 좋겠다고 생각하였다. 그러나 오랜 시간이 지나도록 번역서가 나오지 않아 늘 안타깝게 생각하였다.

역자가 (사)전통문화연구회에 입사하여 십삼경주소十三經注疏 번역 사업에 참여하면서 다시금 장백잠의《십삼경개론》을 꺼내 종종 참고하던 차에, 직접 번역서를 내면 어떨까 하는 무모한 생각을 하였다. 그래서 예전에《십삼경개론》을 읽으며 틈틈이 번역해 놓은 원고를 꺼내 손질하고 보완하였다. 우선 서론 세 편을 모아 '십삼경개론1 ― 중국경학략사'라는 제목으로 출간한다. 경학에 필요한 지식과 경학의 흐름은 물론 지금까지 논란이 그치지 않는 금고문경학논쟁에 대한 큰 줄기를 파악하는 데 도움이 될 것이라 생각한다. 또한 경학은 물론 중국이나 동아시아문화의 근원을 살펴보는 데 조금이나마 도움이 되길 바란다.

초고를 교정해 준 (사)전통문화연구회 박승주 번역위원과 최종 원고를 살펴준 서울대 종교학과 박병훈 동학에게 감사를 표한다.

2018년 12월 25일

북한산 자락 경수재耕收齋에서

담주인潭州人 전병수田炳秀 씀

찾아보기

[서명]

찾아보기
[인명]

국립중앙도서관 출판예정도서목록(CIP)

십삼경개론1—중국경학략사 / 장백잠 지음 ; 전병수 옮김. -- [서울] : 수류화개, 2019 p. ; cm. -- (십삼경개론 ; 1) 한자표제: 十三經概論1—中國經學略史 기타표제: 十三經概論 원표제: 十三经概论 원저자명: 蔣伯潛 권말부록: 금고문학파대조표 중국어 원작을 한국어로 번역 ISBN 979-11-957915-7-6 94140 : ₩10000 ISBN 979-11-957915-6-9 (세트) 94140 경학[經學] 140.109-KDC6 181.11-DDC23   CIP2019000827

십삼경개론十三經概論 1

중국경학략사中國經學略史

2019년 02월 01일 초판 1쇄 발행

저자 장백잠蔣伯潛
번역 전병수田炳秀

발행인 배민정
책임편집 배민정
발행 도서출판 수류화개
등록 제307-2015-18호(2015.3.4.)
주소 서울시 성북구 정릉동 솔샘로 25길 28

전화 070-7514-0248
팩스 02-6280-0258
메일 waterflowerpress@naver.com
홈페이지 http://blog.naver.com/waterflowerpress
값 10,000원

ISBN 979-11-957915-7-6 94140
       979-11-957915-6-9 94140(세트)